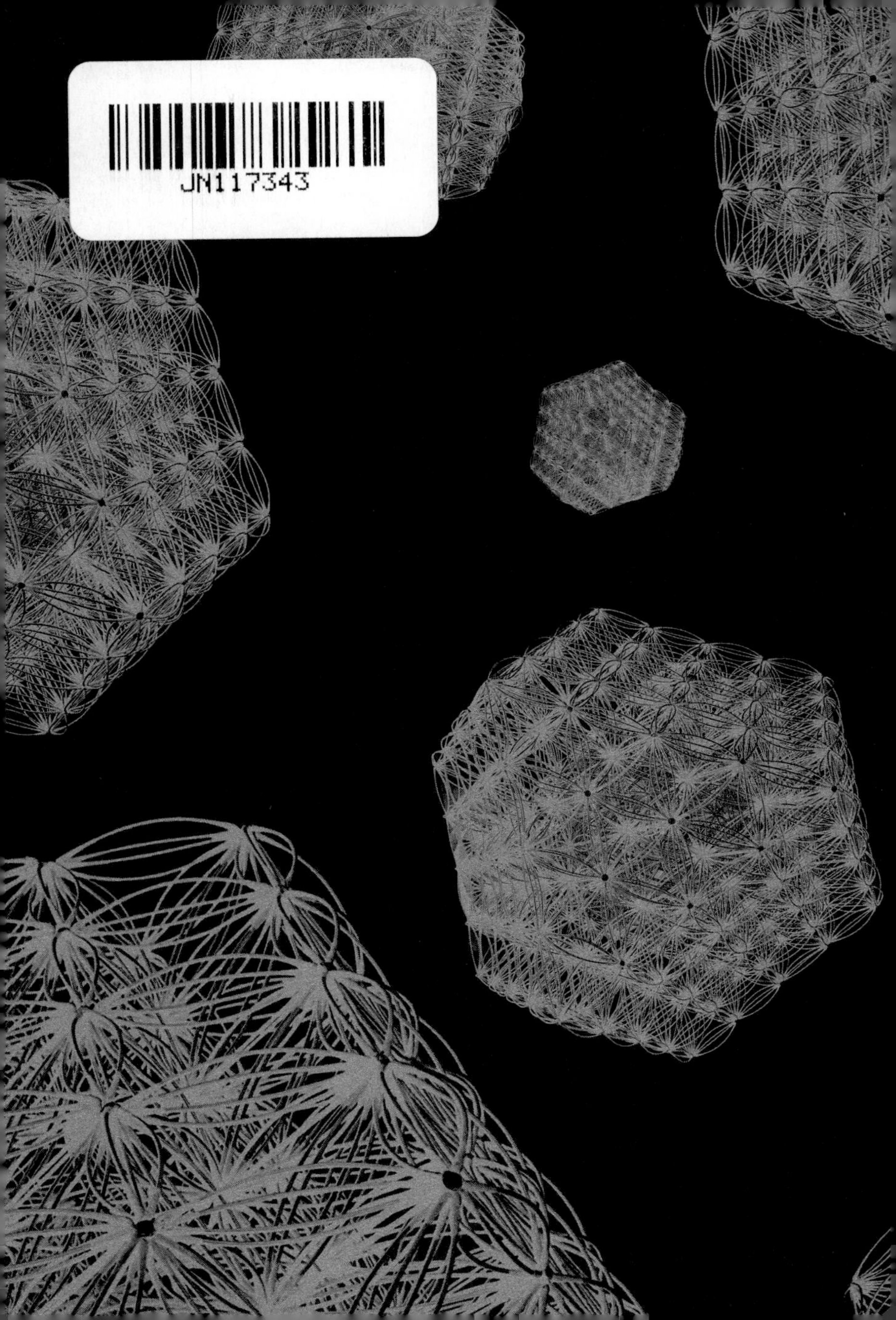

トッチ ＋ 礒 正仁
tocchi　　masahito iso

日月神示、マカバ、フラワーオブライフ

# 宇宙の最終形態
# 「神聖幾何学」のすべて

# 9 ［九の流れ］

日月神示、マカバ、
フラワーオブライフ

# 宇宙の最終形態
# 「神聖幾何学」のすべて

9

[九の流れ]

表紙画像　トッチ
ブックデザイン　櫻井浩（⑥Design）
図版　波琉木
校正　麦秋アートセンター

このボタン　押す勇気ありますか？

日月神示、マカバ、フラワーオブライフ
宇宙の最終形態「神聖幾何学」のすべて9［九の流れ］　目次

# 第1章　反対の世界と合流するとき、平面の上でやろうとすれば濁るばかり


意識を立ちあげていく道につかないと、入っていけない領域がある　010
「9」という数霊が教えてくれること　015
変わりゆく今、この時代に本当に大切なこととは？　018
アセンション、次元上昇、岩戸開き——地球は勝手に変容していくが、人はそうはいかない　019
集合意識により、どのパラレルに進んでいくか　023
天変地異はトランスフォーム、バージョンアップの時間　026
100にすると回らない　030

立体的な価値観が手に入ると人と自分をくらべたりしない　037
「わかったつもり」になると止まる　041
立体構造の中に、イヤというほど数字が隠れている　042
瞬間瞬間、常に数字の変化の中にいる　045
宇宙の法則に合うものを構築していくことで宇宙との同期《シンクロ》がはじまる　047
科目別の学習は、永遠にバラバラになっていく　050
綿棒で意識を飛ばす――これほどおもしろいツールはない　053

第2章
母治《し》らす御国の五の働き

ようやくにして本物の真理と出あえたよろこび　058
5を真ん中にした場合、反対側に7と3　062
今までと同じ自分だから平面――違う部分を起きあがらせる　070

「揃う」というのは、平らにすることではない　074
「地震」が「自身」なら、イヤがれば「自信」はつかない　077
波、螺旋、浮き沈み——言葉のトリックから抜ける　079
立体構造の中に入っている情報が、たくさんある　083
古神道が本当に大切に守ってきた真理——立体世界・神聖幾何学　088
スピリチュアルと信じていたものが、空想の塊に過ぎなかった　090
破壊と衝撃がないと、目覚めのスイッチが入らない　092
この季節・時代に立体が出る細工、日本の神仕掛け　095
立体作りで、自分自身についてくるエネルギーの強さが変わる　096
十分に揃い満たされた世界で、奪いあいの戦争をしていた　101
自分自身こそが、宇宙の真理そのものだった　103
ポータルは「中」　105
すべては自分の中にエネルギーを取りもどしてから　108

「火」の積みかさねが、宇宙の真理　110
気づけるか、というゲーム　114
立体世界に移行する間の、価値観のせめぎあい　118
できあがった先の視点からものを見られるようになる　120
意味のあるアート・本当のアート、日本の伝統工芸　122
自分の世界で笑っていれば、一番幸せ　124
あとからでは、笑う方法を知ることができなくなる　127
立体を作ることで、構造や仕組みやエネルギーをスキャンする　129
神聖幾何学は、数字が揃っているからこそ回転が起きる　133

第3章　善では立ちて行かん、悪でも行かん

立体意識へと私たちを誘う神なる学問、神聖幾何学　138

自分の解釈をもって語ることができない世界　１４０
人に投影されたあらわれを、自身の内に引きもどし受けいれるプロセス　１４３
今までが通用しないからおもしろい、新しい次元　１４６
根本的な部分が、そもそも違っていた　１４９

参考・引用文献　１５６

本書は、**２０１８年９月18日に**ヒカルランドで行われたセミナー『日月神示、マカバ、フラワーオブライフ　宇宙の最終形態「神聖幾何学」のすべて』12回連続講座　第９回（講師：トッチ・特別講師：礒正仁）をもとに、構成・編集したものです。

# 第1章

# 反対の世界と合流するとき、平面の上でやろうとすれば濁るばかり

## 意識を立ちあげていく道につかないと、入っていけない領域がある

**礒正仁**　本日は9回目のセミナーということで。

「目には見えないけれど確かに実在している大切な何か」に魅《ひ》かれ、それらを慣習や文化、日常生活の中に数多く取り入れてきた私たち日本人にとって「9」という数霊《かずだま》は、とてもゆかりが深く、大切な数霊です。

私たちの祖先が代々にわたって伝承してきた人（霊止《ひと》）の本質を表現している有形・無形のアートやメッセージ。数々のちりばめられたピースが時空を超えてひとつに集合するところ、私たちの心の原郷《げんごう》、奥山の奥、その中心には一体何があり、

どのような理《ことわり》のもとに成《な》（鳴）っているのでしょう？

日月の神示（ひつくのふで）は、私たちの内なる意識を立ちあげていくこと、立体意識にもとづいて生きていくことこそが真の岩戸《いわと》開きであることを説いています。

このメッセージは、また「目に見えている世界と目には見えない世界がふたつでひとつ」となって、すべての生命《いのち》、事象を生みだしていること、平面的なものの見方からすれば一見真逆に思える両者・両極が、ともに働きかけあい、活かしあうことによってこそお互いの中心に創造の息吹《いぶき》が発することを教えてくれています。

「二二《フジ》は晴れたり日本晴れ」

「二十二、富士であるぞ」

（五十黙示録《いせもくじろく》　第六巻　至恩《しおん》之巻　第二帖）

目に見える富士と、目には見えない二二（フジ）。

「富士の渦《うず》と鳴門の渦」という言霊《ことだま》が示している真意とは？

常に見えている世界の裏側に実在している目に見えない実相を読みとる意識、観《かん》ずる心眼を育《はぐく》んでいくことが意識の立体化への道です。

日月神示には
「一二三四五六七八の世界が一二三四五六七八九十の世となりて、〇一二三四五六七八九十の世となるのぢゃ」

（五十黙示録　第六巻　至恩之巻　第十五帖）

とあります。


私たちの意識の中で、死角となっていた〇九十を一二三四五六七八と統合した先にあらわれる「〇九十（マコト）」の世。

「〇一二三四五六七八九十」で11柱。

立体世界では（実際には）、エネルギーの流れは、双方向同時発生ゆえ、これまでの意識からは消えていた反対方向の流れ「十九八七六五四三二一〇」が11柱。表裏合わせて22（二二）柱。

二二（富士）は晴れたり日本晴れ。

立ちあがった意識がとらえる心眼にこそ映る奥行き、真実があるのだと。


「八と九、九と八の境を開くことが岩戸〈一八十〉を開くことぢゃ」

（五十黙示録　第一巻　扶桑《ふそう》之巻　第四帖）


自分の両手を使って実際に神聖幾何学の形霊《かただま》を作りこんでみないと理解におよべないメッセージが、日月の神示にはちりばめられていますね。

意識を立ちあげていく道につかないと、入っていけない領域があることを暗示しているのでしょう。

八の外側に生ずる鶴の形霊。中心（〇）より亀（一から八による亀の働き）が生じ、その渦の回転によって、同時に鶴（九）が生ずる。

鶴というスペース（〇）の中に亀があり、亀の中心にはまた〇（鶴）が統《す》べっているという、無限にフラクタルな、すべてが足り（十）ている世界。

鶴と亀（見える世界と見えない世界）が統べってフラワーオブライフ＝イノチノハナが開花します。


「富士に木花咲耶姫《このはなさくやひめ》の⦿祀りてくれと申してあろうがな」

（第十三巻　雨の巻　第十一帖　三四五）


「二二（フジ）に九の花（コノハナ）サクヤヒメ」ですね。

見えない世界を観ずる精神性（立ちあがった立体意識）と、それにもとづいた行動によってすべてが揃っている世界との響きあいがはじまります。

　まさに内なる意識の岩戸開き。

# 「9」という数霊が教えてくれること

**礒**　常に真の立体世界を創造しつづけている普遍なる法則へと、神聖幾何学を通して祀《まつ》ろいゆく道。

私の場合、神成《かみな》る学問への精神が生みだす現実、現象を目《ま》のあたりにして毎日人生が変わりつつあります。

法則性、構造、数霊の探求を重ね、行動・実践へとつなげていくことで、意識・感性の立体化が生じ、いつのまにか日月神示の奥行きにある真意を読みとくことのできる自分とも出会いました。

目に見えている世界と目には見えない世界、内と外、亀と鶴、実体と空間。

対極は、お互いを活かしあいながら、ふたつでひとつを生みだしていて、だからこそ法則性の中で、エネルギーが無限に生まれ出《い》でつづけていることを「9」という数霊は、教えてくれます。

ふたつの対極にある世界のうち目に見える世界、五感で観《かん》ずることのできる世界にのみ価値を見出してきた、これまでの自分の意識が偏っていたこと。それゆえに好き嫌いや善悪という二元性の世界の中で、裁き・競争（我よし）・いいとこ取りの領域をずっと抜けだせずにいたこと。それらを無条件に認め、一からやり直すこと。行動として示しながら新しい自分を生きはじめたときにこそ開かれる、真の立体世界の扉。

「礼に始まり、礼に終わる」

礼は、霊でもあり○（球＝九）でもありますね。

目の前の存在、生命《いのち》に敬意を表し、頭を下げることで60度という角度をつくりだす。

真心こもった一礼を通じて、その空間に生まれ出《い》づるエネルギー。

神社の鳥居の前で一礼し、神前に向けて表参道を踏みだしていくとき、自《みずか》らの内にわき上がってくる神気。

内なる意識次第で、これまで感じていなかった「大切な何か」との響きあいの中に入っていくことができることを、どこかで知っている自分がいる。

本来、私たちは、意識・言葉・行い（3つのこと＝ミコト）を調《ととの》え、自らのあり方を法則性と合わせていくことで、エネルギーを生みだすことのできる存在です。

失われた記憶の中で、自らの内に鎮座する「魂」の鼓動と共振する瞬間が、今日も私たちに与えられている。意識を立ちあげていくこと、立体化させていくことで「本当に大切なもの、中心に鎮座する魂（一霊四魂《いちれいしこん》）」へと回帰し、神聖さを生きることができるのです。

すでにはじまっている大変容の時代、ニューガイアへのトランスフォームに呼応する新たな自分づくり、魂を生きるとは、どういうことなのでしょう？

# 変わりゆく今、この時代に本当に大切なこととは？

**礒**「魂を語ることを恐るるなかれ」
アラスカの先住民族、クリンギット族の御霊《みたま》から発せられたメッセージです。

自《みずか》らの内に深く問うてみてください。
「魂、一霊四魂《いちれいしこん》とは何か？」
「なぜそれが大宇宙根源の分け御霊なのか？」

魂の本質について本気で学ぼうとすることと、神聖幾何学を探求する道を歩みつづけることは、同じことです。私は、神聖幾何学を通じて、古神道《こしんとう》が紡《つむ》いできた「魂（一霊四魂）の本質」について気づきはじめました。これまで大いなる偏り、そして誤解の中にあったことをきちんと認めたとき、同時に真の気づきはやってきました。そして今、この道が、意識の立体化、死角の可視化を通じて、無限なる世界へとつながっていることを確信しています。

新たな時代は、私たちに「どの時代にも変わることのない本当に大切なこと、ありてあるもの」を見出し、近づいていく、そのありようについて問いかけているのだと感じます。今日は、このあたりについて深めていければと思います。

## アセンション、次元上昇、岩戸開き――
## 地球は勝手に変容していくが、人はそうはいかない

**礒**　今、この時代に、本当に大切なことは何だったのか？　ということなんですけれど。

**トッチ**　簡単に言えば「本質を見る」ということですかね。目に見えていることがすべてではない、というか、まだ見ていない、ということ。今まで自分が「見ている」と思っていたことの先に、まだ見なくてはいけないことがたくさんあった、というところを見ていく意識が問われるというか。

今のところ、関東には大きな被害というものはないけれども、いずれ必ず、考えなければいけないときが来ると思うんですよね。それを、何も起きていないうちからちゃんと理解して受けとめて、次の動きにシフトするか。はたまた、何か起きてからあたふたするか……どうしますか？　といったときに、僕は先に動く方を選択しました。

もう何年も前からなので、声を荒らげて伝えるときもありましたし、ときにはやさしく言うときもありましたけど、たいがいの人たちは、耳を貸さなかったですね。

日本各地でいろんなことが起きてきた今になって、あのときに話を聞いておけばよかったとか、そういう声が届いていますけども。

みんな、何を見て生きているんだろう？　と思うくらい、知らん顔でずーっと生きてきて。

世の中には、アセンションとか次元上昇とか、岩戸開きとか、そういう言葉がたくさん流れているんだけれども、なんだか地球まかせにしてしまっている感じがするんですよね。地球は勝手に変容していくだろうけども、僕たちは勝手に変容していくわけではない、ということを理解した方がいいと思うんですね。

僕たちが問われていることというのは、何を見て、何を感じて、どう生きるか？　ということであり。

すごく大きい視点で見たとしたって、今の人類じゃ、どう考えたって宇宙にしたら要らないだろう、っていうくらいだと思うんですよね。ぶっちゃけ、言ってしまえば。それくらい、何も考えなくなってしまったんじゃないかなあと思います。

動物や昆虫たちというのは、自然の変化に敏感で。ミツバチも少なくなってきているといわれたり、いろんな変化がありますけど、なんで人間だけが、何も考えないんだろう、何も動かないんだろうって。すごくもったいないんじゃないかなあと思っていて。またそれを、どういうことなのかなあと探求していくと、平面意識だったというところに行きつくんですよね。

礒さんも先ほどおっしゃっていたように、起きあがらなければ、立ちあげていかなければ、立体になっていかない。

本も、読んでいるときは頭の中で物語を構成するでしょうけど、その頭の中が2次元であれば、立体に起きあがることはなくて。素敵な本を読んでも「わかったつもり」で満足していたと。

でも実際に、本当に起きあがらせるということの必要なときが、もうすでにはじまっていて、下手すれば、もう遅いよ、くらいな勢いでもあるんじゃないかと思うんです。

## 集合意識により、どのパラレルに進んでいくか

**トッチ**　やれることとって、一人ひとりたくさんあって。一人ひとりが持っている、秘められた力というか、能力というのもバラバラで、そういった力をあわせる必要があるんじゃないかなと思うんですよね。だから、誰が特別とか、そういうお話ではなくて。

一人ひとりが意識を高めて、それらを出して持ちよって、はじめて特別なエネルギーとしてひとつになっていくんじゃないかな、と思うんですけど。

それが、こういった立体構造の中にヒントとして隠れているのであれば、作るということで試してみる価値はあるかもしれないし。

僕は、なんだかんだ綿棒を曲げつづけて、指がへこむくらいで——こんなに綿棒曲げた人いないんじゃないかな、というくらい曲げつづけているんですけど（一辺

を4本の綿棒で作る立体は、綿棒を曲げて作る・表紙参照)。こんなこと恥ずかしくて言えない。「僕、綿棒を曲げつづけて指がへっこんでるんです」なんて(笑)。

言いたいけど1回も言ったことなくて。これからもそれは黙っていて、お墓まで持っていこうかなと思ってるんですけど。でも、下手すればお墓にも入れないかもしれない。

これも、いく通りかありますけど、一つは、お墓というものに入れないくらい、この地上が変化しちゃう可能性がある。もう一つは、もう死ねない……ということまである。

輪廻《りんね》というのは、宇宙の法則性に人類が気づくまで続く。だから、これまで続いていたんだと思うんです。

けれど、もし人類が宇宙の法則性に気づいてしまったら……。

輪廻というものは、やり直しだったんですよね。今までの時代は。でも、そのやり直しが終わるとしたら、今度僕たちは、今までの記憶を持ちこしたまま新たなボディに入る可能性だってあるわけです。

科学も発展しているんで、本当に下手したら、みんな若返っていっちゃう可能性だってあるわけです。肉体を持ったまま。だから、いろんなパラレルが常に用意されていて。どこの着地点に、みなさんが僕たちと一緒に進んでいくのか、というのも、とてつもないレベルの集合意識で変化してくると思うんですよね。

一人や二人がものすごい未来を創造していても、全然追いつくようなエネルギーではなくて。やっぱり、より多くの人の意識が必要で。

意識というのは「一式」でもあり、「意」の「色」でもあるような気がするんですよね。そこには、いろんな重なる色もあれば、重なる形もあって、さらには重なる数字もあって。それで、ひとつ。

ですから、本当にお互いが認めあうことが大切で。日月神示にも書かれている「イロハ」だったり、そういう世界なのかもしれないなあと思うんですけど。

「天は数ぞと申してあろう、地はイロハであるぞ」
（五十黙示録《いせもくじろく》　第一巻　扶桑《ふそう》之巻　第一帖）

## 天変地異はトランスフォーム、バージョンアップの時間

**トッチ**　今日はまた、日月神示を読んでみようと思うんですが。本当にいろんなことが書いてありますね。

「神に怒りはないのであるぞ、天変地異を神の怒りと取り違い致してはならん。」
（五十黙示録《いせもくじろく》　第一巻　扶桑《ふそう》之巻　第八帖）

天変地異というのは、怒りではなく、ある種トランスフォーム。変容なんですよね。つまり、僕たちは常に変化している中に暮らしているわけだから、その変化が

イヤだと言っていること自体がおかしな話なんですよね。

海沿いの崖っぷちや岩場だって、いつの間にか削られていく。そこにあった岩は、だんだん削られていくんですよ。波によって。そして、削られた岩は、いつの日か、どこかにたまっているわけです。そうすると、いつの間にバランスが変わっていって、地球がグレンとひっくり返ったって、なんにもおかしい話ではないし。

本当に、目で見ている視点、視野が大きいか小さいかということ。

自分の中でズームを使って、望遠のようなものの見方を取りいれていけば、生きることが、よりおもしろくなってくるような気がするんです。見たものそのままを受けとめるのではなくてね。

「反対の世界に合流するとき」とあるんですけど、反対の世界というのは、どういうことですかね。

ある意味、見えない世界ということですよね。

そしてまた「合流」ということが書いてあるんですよね。

「反対の世界と合流する時、平面の上でやろうとすれば濁《にご》るばかりぢゃ、合流するには、立体でやらねばならん、立体となれば反対が反対でなくなるぞ、立体から復立体に、復々立体に、立立体にと申してあろう、漸次《ぜんじ》輪を大きく、広く、深く進めて行かねばならんぞ、それが岩戸開きぢゃ、低い世界は戒律なくてはならんぞ、人民の頭で、戒律と秩序、法則をゴッチャにして御座るぞ、平面と立体とをゴッチャにするのと同じ迷いの道であるぞ、気つけ下されよ。病むことは神から白紙の巻物をもらったことぢゃ、この巻物をどんなに読み取るかによって新しき道が開けるのぢゃ。神からの巻物おろそかにするでないぞ」

（五十黙示録　第二巻　碧玉之巻《あおたま》　第一帖）

本当に今、いろんな変化が起きていると思うんです。

台風だ、地震だ、ということだけではなく、体調的にも、急に具合が悪くなったりだとか、最近やたら耳鳴りがするとか。いろんな変化が起きている。

本当は、かなり多くの人に変化が起きているんじゃないかと思うんです。でもそれを、ただ単に体調が悪いとか、そういう感じで考えてしまって、それが宇宙だったり、見えない世界、立体世界からのお知らせとは、受けとらなくて。それに、多少具合が悪くなっていたって無視してしまうし。

こういったことは、バージョンアップのための時間だと思うと、つらい時間がつらくなくなってくるんですよね。むしろ、受けとるか、という時間になるから、そんなに長引くことはないと思いますし。

今、お伝えした日月神示の一節も、本当に腑に落としてもらえたら、非常におもしろいところなんじゃないかなあと思います。

# １００にすると回らない

**トッチ**　今日の会では、日月神示のある箇所を突っこんでほしいというリクエストがあったんですけれども。ここがまた難しい。

説明するのはいいけれども、それを伝えたところで、受けとってもらえるかどうか未知数なんですけど。

リクエストを受けたところなんですが、

「百は九十九によって用《はたら》き、五十は四十九によって、二十は十九によって用《はたら》くのであるぞ」

と書いてある。

「この場合、百も五十も二十も、天であり、始めであるぞ、用《はたら》きは地の現れ方であるぞ、フトマニとは二十の珠《たま》であり、十九は常立《トコタチ》であるぞ、根本の宮は二十年毎《ごと》に新しく致さねばならん、十九年過ぎて二十年目であるぞ。地上的考え方で二十年を一《ひと》まわりと考えているが、十九年で一まわりするのであるぞ、イロハ（母）の姿見よ」

（五十黙示録《いせもくじろく》　第二巻　碧玉之巻《あおたま》　第十九帖）

100にしてしまうと、回らない。だから、必ず1つは取るんです。

例えば――今日、礒さんが作ってきてくれた立体があるんですけれども（32ページ参照）。

これは、外が正十二面体・電気とスピリットのエレメントで、中にあるのが正二十面体・水のエレメントなんです。

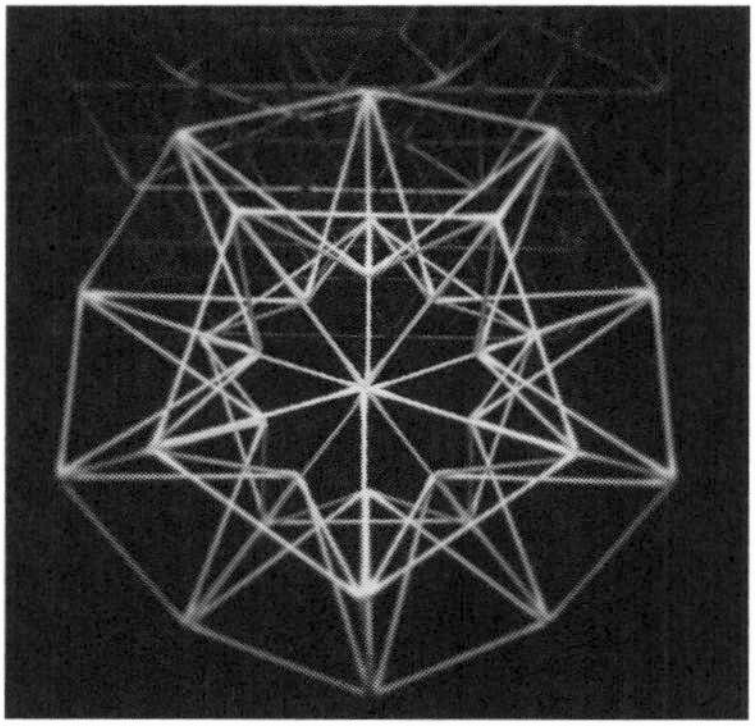

外側が正十二面体
中に正二十面体の立体

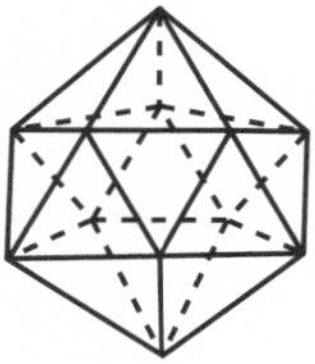

正二十面体
（水のエレメント）

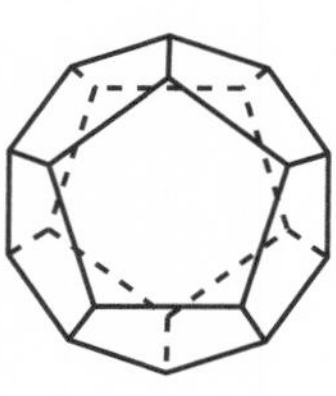

正十二面体
（電気・スピリットのエレメント）

その水のエレメント正二十面体と、電気とスピリットのエレメント正十二面体のくっついた、合体した形が球体になるんですよね（34ページ参照）。

これが、大きくなって展開されていくと、また違う形でくっつくんですよ。

実際に構造にすると、その中には20個のベクトル平衡体が生まれてくることがわかるんです（34ページ参照）。これがフラワーオブライフの外（鶴）。

そしてフラワーオブライフの中（亀＝3重構造のベクトル平衡体）の方を作っていくときは、最初の細胞分裂の段階で、単体のベクトル平衡体が13個増える。その次には、6個増える。つまり、19個でひとつになっているんですね（35ページ参照）。

でも、外（鶴＝水〈正二十面体〉と電気〈正十二面体〉の合体）は単体のベクトル平衡体が20個なんです。


本当に、このへんを理解するのには、作らなくては見えてこない。作ってはじめて見える世界というのがたくさんあって。

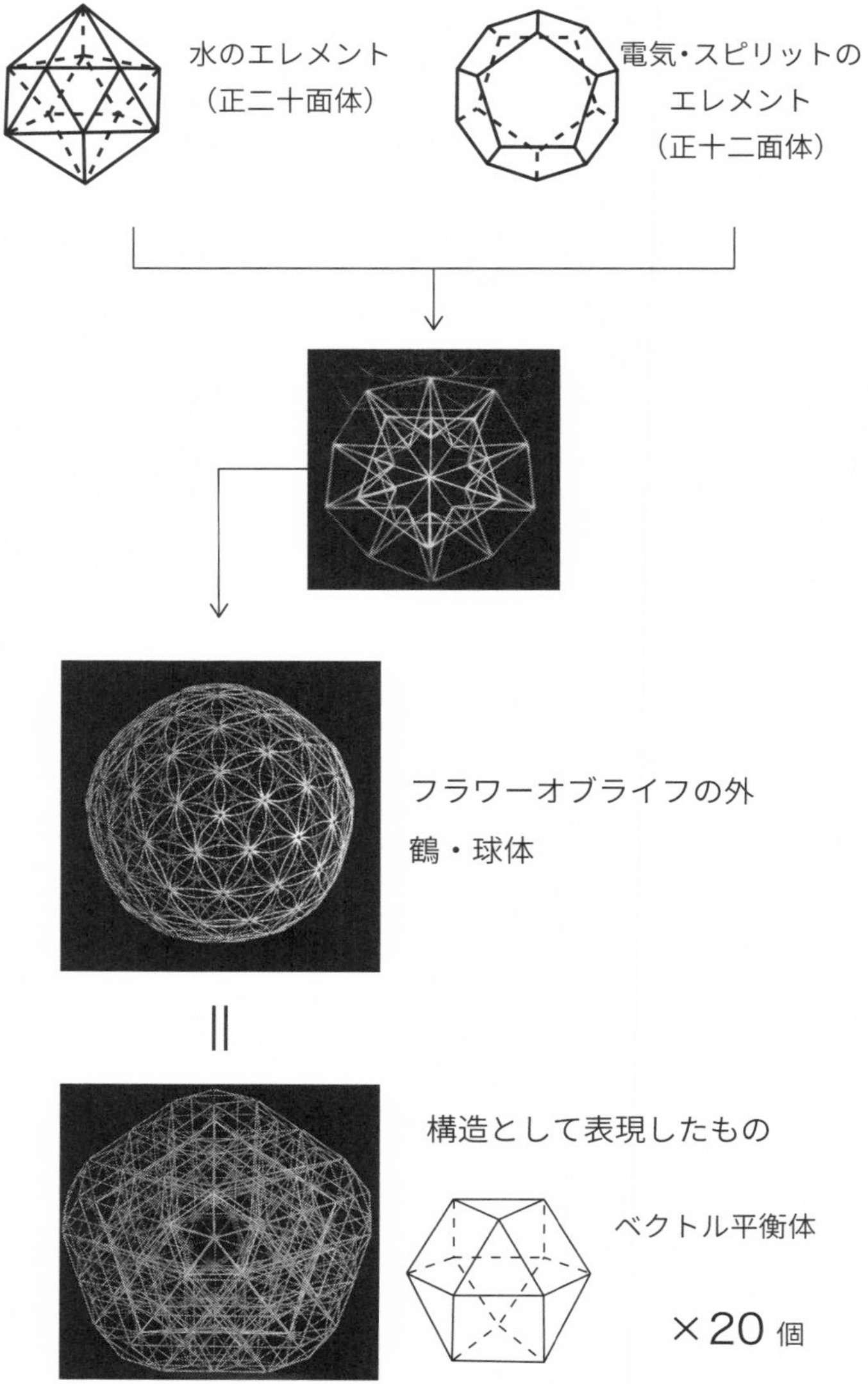
水のエレメント
（正二十面体）
電気・スピリットの
エレメント
（正十二面体）
フラワーオブライフの外
鶴・球体
構造として表現したもの
ベクトル平衡体
×20個

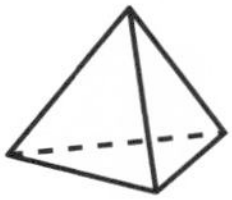

火のエレメント
（正四面体）

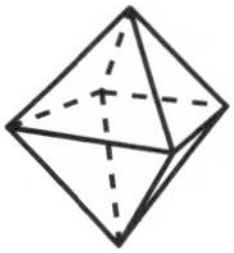

風のエレメント
（正八面体）

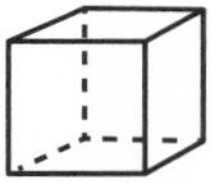

土のエレメント
（正六面体）

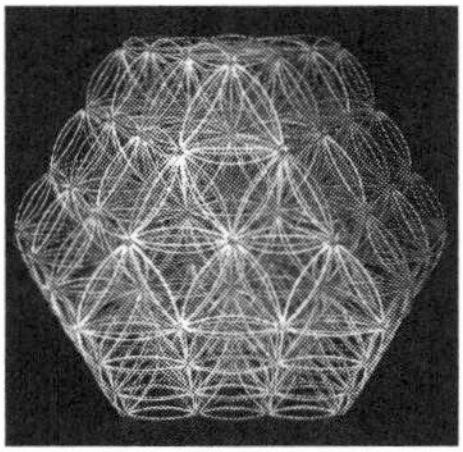

フラワーオブライフの中
亀・3重構造のベクトル平衡体

最初にできる
細胞分裂の段階では

次の段階では

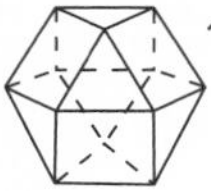

ベクトル平衡体
×13個

＋

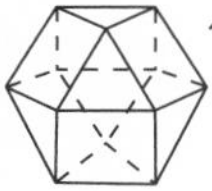

ベクトル平衡体
×6個

19個でひとつ

実際に作ってみてもらうしかないんですね。そもそも言葉を超えたものなので、僕が説明しようとしても、説明したとしても、理解してもらえない。

宇宙の法則というものが、言葉を超えているっていうことを、まず先に理解していただきたいんですね。

言葉を超えているから、文章とかにできない世界なんだ、ということを知っていただくと、逆に、より伝わりやすいと思いますし。

そこには、作っていくしか見えてこない世界がある、ということなんです。

逆に、作っていくと、「あれっ?」ていういろんな気づきが起きてきて。

「あれっ?」ていうのがあまりに多すぎて、ヘンな人になってくるんですよ。

その、ヘンな人になってきちゃったな、と思ったところが、新しい自分のスタートだと思います。

# 立体的な価値観が手に入ると人と自分をくらべたりしない

**トッチ** 「今までの自分」のままでは知れない、知ることができない、ということを知ってもらいたいと思うんです。

例えば、読めばわかるとか、見ればわかるとか、聞けばわかるという世界ではなくて。

本当に、手を動かして、頭を使って、実践しないと、入ってこないんだ、ということに気づいてほしいんですよ。

これは、すべてのことに対して言えると思うんです。

別に、この神聖幾何学といった世界のことだけではなくて。世の中のすべてのことにおいて同じ。考え、動き、本当に行動がともなって、はじめて理解というものにおよぶわけで。

頭の中だけで、わかったつもりにならない。もう、「知ってる」とか言わない。「知ってる」ような、でも実は本当には「知らない」というふうに。「知ってるな」と思ってしまう自分が出てきたら、「やべっ」と思って、ちょっと前歯を欠けさせて（笑）。

「知ってるつもり」だったかも、というふうに、ちょっと引く自分をつくってあげるといいかもしれないですよね。


引くことで、まずそこにエネルギーがたまるでしょ？　そこからまた、上がっていけばいいわけ。

竹が伸びていくときに、必ず節というものができるじゃないですか。それは、ただ上に伸びていくだけではなくて、ちょっと戻ることで、そこまでをキープする、支えになるということ。

そしてまた、そこから伸びていくというね。

ですからこれから、一気に理解していくとかではなくて。ところどころブレーキをかけてもいいと思うんですよ。ある程度は。

でも、止まりすぎちゃうとね。世の中は常に流れているし。流れに乗れなくなる。

今このときだって、地球上では、かなりいろんな変化の中にいるんだ、ということをご理解いただけると、よりわかりやすいかと思うんですよ。

さらに、この地球上の変化というのは、これからより明確になっていくと思うんですね。

やっぱり、日本という国が動かないと、世界的にも変われないようなことになっているんじゃないかなというのも、ひとつ本当に思ってまして。

ただ、海外にいる人たちの方が、この幾何学に対してだとか、より理解が深い。だから、海外の人たちの方が、立体的な視点を持っているんですよね。

本来、日本は立体的な視点を持っていたはずなのに、なんだかね。

意図的なのか、操作されたからなのか、いつの間にか、人と自分、人と人というのを、くらべるような種族になっていっちゃったんじゃないかなと思うんですよね。

立体的な価値観が手に入ってくると、いちいち人と自分をくらべたりもしないし、むしろ、その違いを楽しめるというか、人のすごさだったり、おもしろさだったりが、よろこびになってくるんですよね。

自分よりすごい人なんか、いっぱいいた方がおもしろいじゃないですか。自分よりヘンな人も、いっぱいいた方がおもしろいと思うし。

だから、常に上には上がいてもいいと思うし、下には下がいていいと思うし。そして横には横がいていいと思うし。それが、立体の世界だと思うんですよね。

# 「わかったつもり」になると止まる

**トッチ**　僕がずっと立体を作りつづけるのは、やっぱり作りつづけないと、見えなくなるものもあると思うから。

僕がわかったつもりになって、もうここまでやったから、神聖幾何学というものは十分だろう、としてしまったら、そこでたぶん、僕の価値観とか広がりは見えなくなってしまってストップするけれども。

作りつづけるから、人生やいろいろが、おもしろく展開されていってるんじゃないかなあと思います。

また今、ご自宅で立体を作る方たちも増えてきたと思うので、ある程度みんなが作っていったら、一気にいろんな気づきが――百匹目の猿じゃないですけど、もっとすごい状態になっていくんじゃないかなと思うんですよ。

## 立体構造の中に、イヤというほど数字が隠れている

**トッチ**　この立体の構造体が持っている数字というのが――1から9まで。すべてを持っているんですよね。これは角度的にもそうだし、使う綿棒の本数的にもそうだし、いろんな数字がひとつになっていて。

小さいころに、ま〜るさんかくしか〜く〜みたいな、そんな言葉やら歌やら、あったと思うんですけど。この構造体（多重構造のベクトル平衡体）は、○と×と△と□、全部持っているわけで。

だから、本当に探求していくと、すごいヒントだらけなんですよ。

世界中に出ている数字というものって、何なんだろうなあと追っていくと、もうイヤというほど、この立体構造の中に隠れている数字につながっていくんです。

世界中の、数字が、ですよ。

ただ、そういったことを、作ってみたりしないで知ろうとする人がいますけど、そのこと自体が、すごいなって思います。僕は。

それでわかったつもりになっていると、のちのち、強烈な恥ずかし固めの刑にあうから。みんな（笑）。

これは、本当に、作らないとわからない、わかれない、ということを、まず最初にわかってしまえば、ラクですよ。

僕はもう、何年も前に大きいものを形にしているんですけど、たどりついてしまったときの衝撃たるや。

そのことを誰かに話せば、「バカ」と言われ、じゃあ、これでどうだ〜って綿棒で作って見せたら「それはただの綿棒じゃないか」と。「それで何になる」と言われてね。

でも、素材じゃないんですよね。

僕が伝えたいのは、素材じゃないんです、というところ。

逆に言うと、立体を作っていく中で、隠れているいろんな真理が見えてきて、綿棒1本1本を揃えて作るということが、どれほど難しいかっていうね。

ただの綿棒と綿棒を、たった1本ずつ揃えるのが、どれほど難しいか。作ってみた方はわかると思うんですけど、綿棒と綿棒をまっすぐにくっつけられないんだから。

そして、例えば、この立体の綿棒の数は何本ですか？　って聞いてみたら、みんな、あれ？　あれ？　となって。数もかぞえられないわけ。

大人になって何でもわかっている、と思っていたかもしれないけど、それは幻想であって。実際にわかっていることなんてほぼなかった、ということを悟るんですよ。本当に。

# 瞬間瞬間、常に数字の変化の中にいる

**トッチ**　そこまで行くと、なんてもったいない人生を歩んできてしまったんだろうと思ったりだとか。そんなこれまでの人生より、むしろこれからの方が楽しいというか。

本当のことを見ていけるんじゃないかなと思うわけです。

そして、必ず見えない世界の方が先なんですよ。

今、僕たちは、自分たちこそが、ちゃんと目で見て生きていると思っているかもしれないけど。見えない世界があって、見える現象界がある、ということを徹底して理解すると、例えば、今僕が「トイレに行こうかなあ」と思って、トイレに行きますよね。

何も考えないで、いきなりトイレに行くわけではない。

みなさんも、「今日の夕飯何にしようかなあ」と思ってから、スーパーに買い物に行ったり、何かを食べに行ったりしている。

必ず先に、見えない世界を何かで見ているわけです。そうでしょう？

でも、多くの人たちは、その見えない世界に「あいつはどうこう」とか、「あの人キライ」とか、「あの人イヤだなあ」とか、ネガティブなエネルギーをのせてしまうわけです。

そして、それが現象としてあらわれるのに、そのあらわれたことを、自分がつくったと気づかなくて、また人のせいにして。そのスパイラルから抜けられないでいるの。ずーっと。

なんてもったいないんでしょうか、っていうね。

だから、そんな自分をなくしていけたら、結構見えるものが変わってくるんですよ。周波数が変わるから。

この空間、そして出口、ここを出てエレベーターに乗ったとき、エレベーターを降りたとき、って、すべて周波数が違いますから。

瞬間瞬間、常に僕たちは、その数字の変化の中にいる、ということを、理解していただきたいなあと思うんですけど。

## 宇宙の法則に合うものを構築していくことで宇宙との同期《シンクロ》がはじまる

**トッチ**　こういう数字のことを理解してみようかなあと思うと、よりおもしろいですよ。

ソルフェジオ周波数とか、黄金比とかいったものも、全部数値で出ますけども。ここで一番おもしろいのが、立体的な数字と、僕たちがこうだ、と思っている平面の数字には、ズレがある、ということ。

ということは、どっちが本質なのか？　と考えたときに、それは立体的な数字の方であって。それがすべてなわけ。

でも、頭の中が二元性だとしたら、多くの人たちが、本当の数字を見ないままに生きちゃっているんです。

ただ、このことを言葉だけで伝えようとしても、立体を作ったことがない人が聞けば、「何言ってんの?」って話になるわけです。

だけど、いくつも作っている人たちは、余計なことを言わなくても、わかってくるんですよね。何と言っていいのか……よくわからない理解が、できるようになってくるわけです。

それで、何か知らないけど、不思議なこと、不思議な現象が起きてきたりだとか、するようになるわけです。

こういうことについて、この前も礒さんとお話ししていたんですけど。

今までのシンクロというのとは、まったく別な共時的なものが起きてくるといいますか。「今日はシンクロ起こってツイてんな〜」とか、「シンクロ起こっておもしろいな」とかいうレベルじゃないことが、ただただ起こってくるわけです。

それが、なぜなのかな？　と冷静に考えていくと、自分が宇宙の法則性に合っているものを構築していくことで、宇宙との同期がはじまるんだな、ということに気づいていく。

ぶっちゃけ、科学的にも、宇宙のすべてが神聖幾何学だった、っていうことが証明されているんですよ。それが表に出るか、みなさんが知るか、というのがいつになるかというだけで。

つまり、そこにみなさん一人ひとりが意識を向けていかないと、自分の内側には入っていけないの。

だって、冷静に考えてみてもらいたいんですよ。日本にもたくさんのお寺があって、山伏の人とか、みんなものすごい修行されているじゃないですか。大変な修行だと思いますよ。そして、世界中に、聖者といわれる人もいっぱいいますよね。でも、結局時代は変わらなかったじゃないですか。

それくらいすごい人が、世の中にいっぱいいるのにもかかわらず、時代もなーんにも変わらなければ、さらには、新しい時代に向けてどうすればいいのか？　ということに、誰も明確に答えを出していないじゃないですか。それは、その人たちですら、平面次元だからだと思うんですよね。その人たちですら、ですよ。

## 科目別の学習は、永遠にバラバラになっていく

**トッチ**　前にお話ししたかもしれませんが、専門職といわれる人たちほど、視野がせまくなってしまっているのが、この社会ですよね。

例えば、文系と理系という言葉があるじゃないですか。そして、国語というものが、言葉のやりとりだとか、文章というものだとしても、結局それらの後ろに周波数があるわけです。

周波数があるということは、「国語」と言った時点で、それも数学なわけじゃないですか。わかりますか？

言葉と言葉をあわせたら、別の言葉が生まれたりするというのは、何かの物質と何かの物質があわさったら、違う物質ができました、っていうことで。これは科学でもあって。メロディとリズムをあわせた、音楽でもあり。

つまり、学校で習っていた科目別みたいなことというのは、永遠にバラバラになっていく作業であり。そのバラバラになっていく作業を、僕たちは知らないうちからずっとやらされていて。やらされていたはずが、いつの間にか自分からやるようになってしまっていて。

バラバラになっていく価値観のまま、内側に入ろうとしても、入れないんですよね。

でも、この構造（ベクトル平衡体の構造）は、内側からしか作れないんですよ。そして、作れば作るほど大きいものがあらわれてくるんだけれども、一番小さなベクトル平衡体が、より細かくなっていっているということは、大きいものを作れば作るほど、目の前にはミクロの世界があらわれるということなんです。

このことに、ハッ！　と気づいていけると、過去だとか未来だとか言っているものは、この構造のうち、どこを見ているのか、というだけであって。全体で見れば、過去も未来も今も、すべて同時に存在しているんだ、ということに気づきだすわけです。

ですから、探求していくと、本当に時間も超えてくるといいますかね。

僕と礒さんと2人で話をしていると、「あれ？　もう4年たっちゃいましたね」っていう感じなんですよ。

だから困っちゃって。もうやめましょうって話すんですけど、どうにもやめられない（笑）。

ヘンな話というのは、あんまり口に出したくないじゃないですか。小指さされちゃうから（笑）。

## 綿棒で意識を飛ばす——これほどおもしろいツールはない

**トッチ**　これは、生命の樹の集合体なんです（54ページ参照）。

カバラといわれるものですよね。カバラというものも、世界中で多くの人が学んでいると思うんですけど、いくら平面次元のカバラを学んだって、そりゃあカバラじゃないよ、っていうところなんですね。

カバラを日本と照らしあわせて考えてみると、空海さんだとかが出てきて。密教＝カバラでもあるんですよね。

じゃあ、あの人たちが何をやっていたのか？　というところに意識をもっていくと、時空間移動をしているわけです。

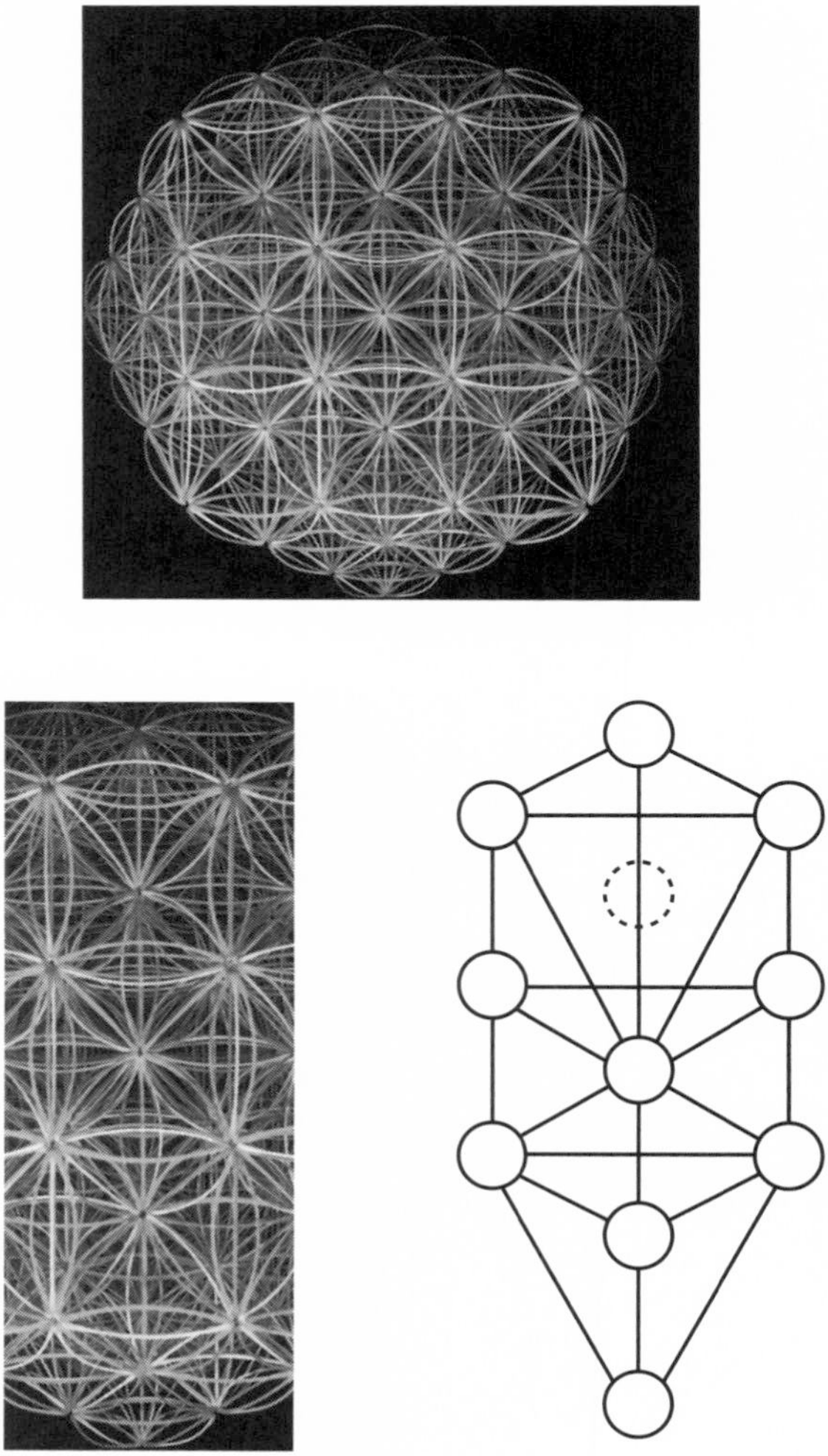

生命の樹の集合体

だから、今までの、人やものに対する概念で考えていたら、ちょっと違う。

意識を意図的に飛ばせるようになっちゃったり、しちゃったり、するかもしれない……けど、そういうことを、あんまり言いたくない（笑）。こんなこと言ってたら、石を投げられちゃうから。

でも、できちゃうものなんです、っていうね。

それほど、この幾何学がもつ力があるということ。

変性意識に入っていくことで、あれまあ、ということになっちゃうわけで。そうすると、肉体的にはこの状態なのに、例えば、別な次元の儀さんと僕が会話をはじめたりだとか、なんだかわけのわからないことに、よくなるんですよ。

それで、「あぶねえ、あぶねえ」って言いながら戻ってくるんですけど。

そういうような遊びを、綿棒だけでできるんだったら、これほどおもしろいツールはないんじゃないかなと思うんですよ。

そしてまた、これを綿棒じゃなくて金属で作ったら、みんなマネできないでしょう？

金属ではマネができない世界になっちゃうの。例えば、特別に加工したりしないで、手で曲げてアールにできる素材なんて、なかなかないじゃないですか。

みなさん、立体を作るのに慣れてきたら、綿棒を1本1本曲げてアールにして作るもの（表紙参照）に挑戦してみてもらいたいんですね。

綿棒を曲げつづけると、指が凹んでくるんですよ。そうしたら、そこにダイヤモンドでもはめこんでもらいたい（笑）。

石を、意志をはめこんでいただきたい。

# 第2章

# 母治《し》らす御国の五の働き

# ようやくにして本物の真理と出あえたよろこび

**礒**　日月神示には、「神に融《と》け入る」「神に祀《まつ》ろう」といった言霊《ことだま》がたびたび出てきます。

「神に融《と》け入れと申してあろう。次元が違うから、戒律出来るから、わからんのぢや。融け入れよ」

（第二十九巻　秋の巻　第二十二帖　七六三）

「イロハの勉強とは、日々の生活を神示に合わすことぞ。この中から神示通りのカタ出せよ」

「神に使われるのは一《ひと》通りや二《ふた》通りの苦労では出来ん」

（第二十四巻　黄金《こがね》の巻　第十六帖　五二七）

「神」について。

日月神示は、太陽も月も大地（日月地《ひつくくに》）も大奥（中心）にあられます「古《いにしえ》の古の元《もと》ツ大神《おおかみ》」、すなわち宇宙の真理、たったひとつにして永遠不変なる法則性によってあらわれとなっていることを教え示してくれています。私たち自身を含めたすべてを生みだし、育みつづけている宇宙の法則性こそが創造の源＝神であると。

では「祀ろう」「融け入る」とは、どのようなあり方なのでしょう?

「祀ろう」祀り＝祭りですね。御祭りとは、神とともにあること。それによって限りなき歓喜と感謝が内にわきあがっている状態。もしくは、そこに真摯に向かう行動の中にあること。

融け入るというのは、法則性を理解し、法則性を自《みずか》らの生きざまに顕現《けんげん》している状態をいいます。常に法則を意識しつつ、目の前の存在やものごとの奥行き・本質を見出し、響きあいながら行動している状態です。

言葉や五感をも超えた高周波の意識の領域では、これまで死角となっていた事柄が、目の前に次々とあらわれてきます。

綿棒を通して、法則性のカタ示しである神聖幾何学立体を内外に同時に立ちあげていく。

立ちあがった形霊《かただま》を今度は平面に図形として落としこんでみる。両方向を行うことによって、気づきもふくらみます。

例えば、平面と立体とでは数が変わってくることへの理解の奥行きへと誘われる。

形霊を立ちあげるとき、立体を平面に鎮《しず》めるとき、神聖幾何学と工作の違いを見極め、感じとっていく。意識を澄まして、神形《かみがた》と向きあい、数霊《かずだま》、色霊《いろだま》、音霊《おとだま》、回転のパターンや多次元の周波数を観《かん》じとりながら自らの生き方へと映しこんでいく。

カタ示し（カタ創り）を神事として、内なる圧を高めつつ両手を動かしていると、本来、無限である存在を有限にしてしまっている自分の甘さや乱れが、浮かびあがってきます。

組みあげ方、その順番、接合点のありようは、法則性によって本来決まっていますが、それらすべてを受けとるには、形霊を通じて自分自身と向きあい、法則性に融け入っていく意識の圧力を求められます。真剣に求めて、はじめて入っていくことのできる領域です。

形霊作りによって転写された響きを日常生活において実践していく過程も大切です。

圧を上げて神聖幾何学に祀ろった分、意識に入りこんだ神形（法則）は、行動や感性にあらわれはじめます。この段階では、エゴを生きる自分、法則性から外れて行動している自分を見つめている別次元の自分がよみがえってきます。

エゴによる一つの行いが、過去の自分のいくつかの行いや行動パターンと意識の中でつながりはじめたとき、恥ずかしさや、やっちまった感がこみ上げてくるのですが、意識の多次元化に向かっている過程においては、ようやくにして本物の真理と出あえたよろこびが、過去のできごとや感情を包みこんで意識をどんどん軽やかに、そして柔らかくしてくれるので、幸せな感覚、正真正銘の笑いの中にあることが増えてきましたね。

## 5を真ん中にした場合、反対側に7と3

**トッチ**　また日月神示を読んでみますけど、これは日月神示のどこか、とか言いません。後で自分で探してもらった方がおもしろいと思うので。

「おきつもはへつもはぞ」

もうこの時点で何を言ってるのか？　勘弁してくれって話なんですけど（笑）。

「沖《おき》つ藻葉《もは》辺《へ》津《つ》藻葉《もは》ぞ、母治《し》らす御国の五の働きはいずれも十のつばさを持っているぞ、足は十本であるぞ」

ここに「五」と出てきますが、前にもこの会で、5は神だよ、と伝えていると思いますが（64ページ参照）。

「さらに五十のつばさとなりなる仕組、五十の足がイッラぞ、イッラでは動きとれん。四十九として働いてくれよ」

もう、何を言ってるのかと。

「イッラでは動きとれん」というのは、50では動きがとれない、49として働いてくれよ、と。

49ということは、7×7。

このベクトル平衡体は、面でいえば三角形が8面と四角形が6面なんですよ。あわせて14面なんですけれども、上下で数えた場合、7×7になっているわけです（65ページ参照）。

秘《ひ》　密《みつ》

↓

火《ひ》《か》　水《みつ》《み》

↓

カ　ミ

↓

カ

＋

ミ

↓

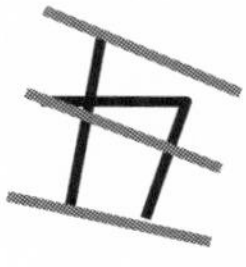

五 ＝ 神

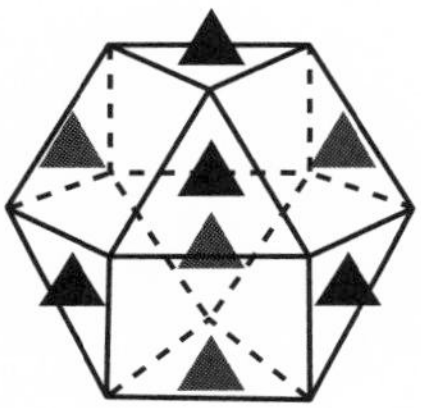

三角形…８面

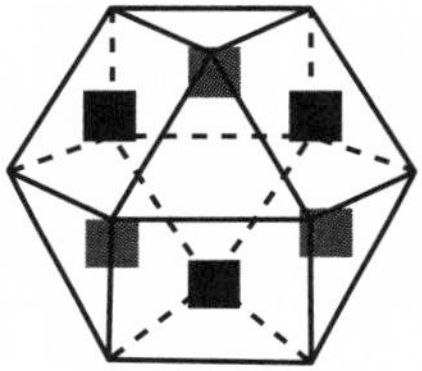

四角形…６面

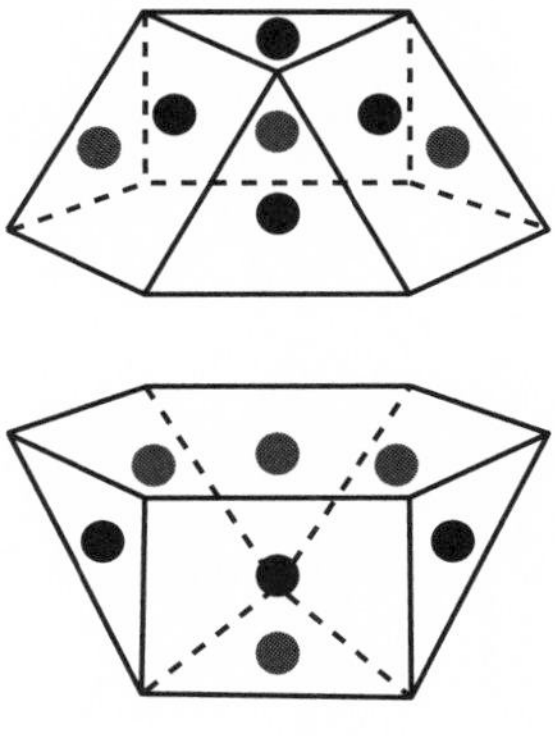

上下に７面ずつ

ベクトル平衡体は
合計 14 面で構成される

そして、7×7＝49ですけれども、人が死んでから49日っていいますよね。こういう数字は、冠婚葬祭なんかに出てくる数字にみ――んな関係していますから。

魔方陣で753の並びになっているものも、同じように七五三（67ページ参照）。

7と5と3、足すといくつですか？

15？　本当ですか？（笑）　まあ、15だとして。

では、「母治らす御国の五の働きはいずれも十のつばさを持っているぞ」というのは、5を真ん中とした場合、反対側に10となる7と3、また反対に、数字の組みあわせ、というふうにとらえてもらうと（67ページ参照）、そこにまた違った何かができませんか？

そしてまた、立体を作ってみたことがある方には、何か重なってくるなあとか、そういうことも想像できるかもしれないんですけど。

| | | |
|---|---|---|
| 2 | 7 | 6 |
| 9 | 5 | 1 |
| 4 | 3 | 8 |

魔方陣
5を中心にした3つの数字を足すと 15

1　2　3　4　5　6　7　8　9

5を中心に向かいあう
2つの数字を足すと 10

「四十九として働いてくれよ、真中の一は動いてはならん」

49として働いてくれよ、なんですけど、真ん中の1は動いてはいけないわけだから、実数としては48ということですよね。49から1つ減って、48という数字が出てくる。

このベクトル平衡体の真ん中は、48本でできているんです（69ページ参照）。

「真中動くでないぞと申してあろうがな」

ベクトル平衡体の真ん中というのが、次の次元のポータルでもあり、真ん中の1つというのは、フラワーオブライフそのものが入ってもいるわけです。

1辺を4本で作るベクトル平衡体の真ん中は
48本の綿棒からなる

次元のポータルであり
フラワーオブライフそのものが入っている

## 今までと同じ自分だから平面——違う部分を起きあがらせる

**トッチ**　日月神示には、こういうところもあるんですけど。

「青と赤と和して紫となる」

みなさんは、面というのを、六角形だから「6」としてとらえてしまうんだけれども。真ん中を点として含めれば「7」なんですよ（71ページ参照）。

つまり、みなさんが思っている「7」ではないわけです。六角形をあらわしているのが「7」なわけ。

ですから、ここがポータルになるから紫。

青と赤が反対にあって、半分ずつ。

そして真ん中が軸になる。時空になる（71ページ参照）。

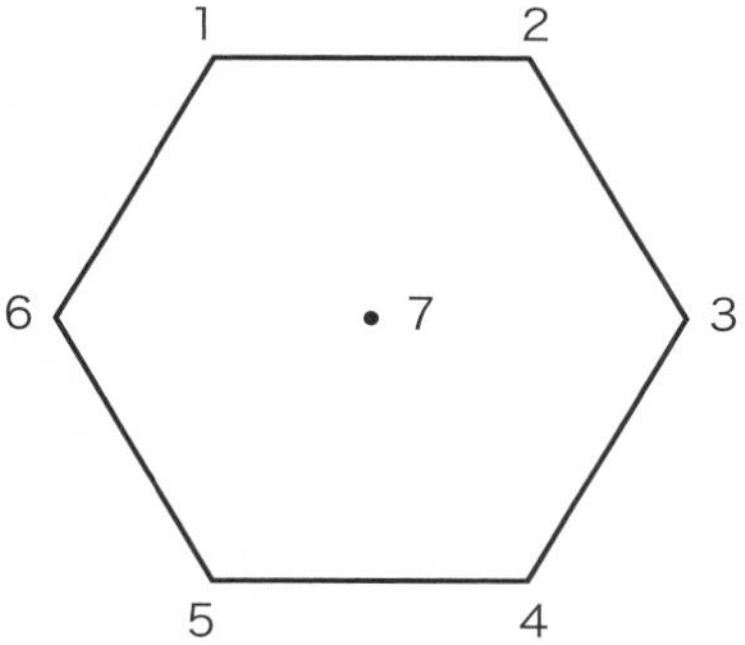


六角形＝6ではない
真ん中を数えると7

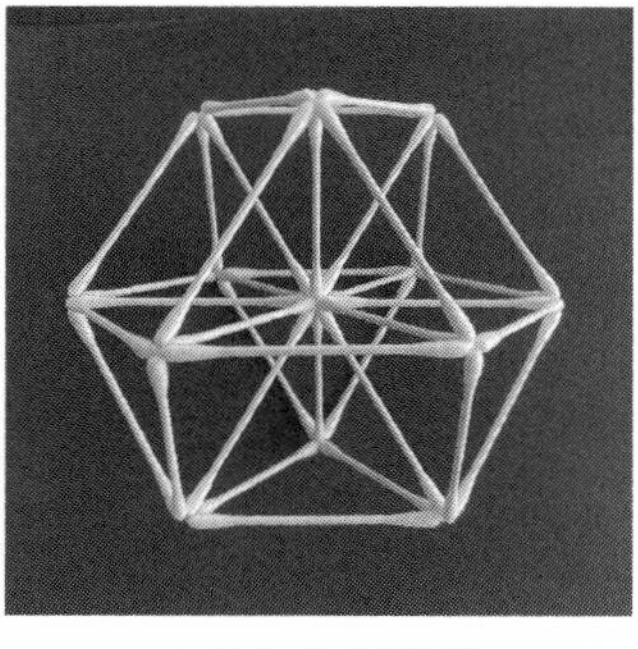

ベクトル平衡体

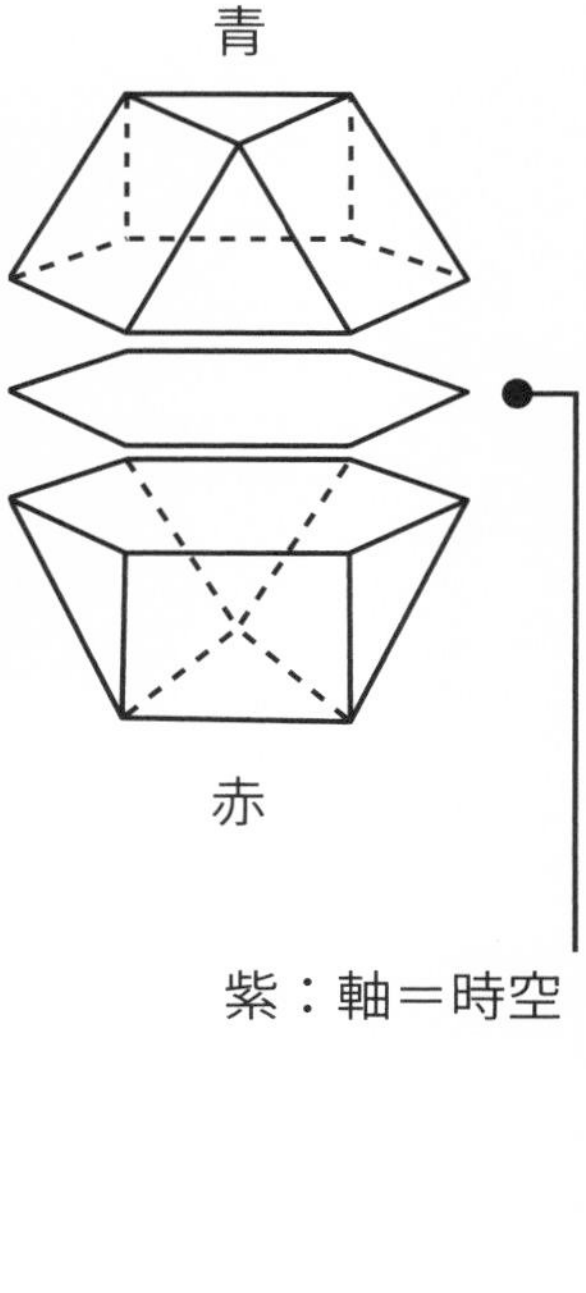

もう、何言ってんだ？　って感じでしょう？　官能小説の世界ですよ（笑）。

本当にね、何言ってるんだ、っていう話になっていくんですけど、こういうことを、遊びながら解いていく。

ただ堅く、真面目になって日月神示のような書物を読んでいっても、時間の方がもったいないから。

できれば、立体を作ってもらった方がいいと思いますけど、ふだんやらないようなことをやりながら読んでいくだけでもいいです。

立体を作らなくても、そういったことが、ある意味で立体的な動きをしていることになるわけなので。

今までと同じ自分だから、平面なんです。

立体を作るのが大変で面倒くさかったら、そうやって、違う部分を起きあがらせるという方法をとるしかない。

今まで「難しい」と言われてきたようなことに対して、そうやって遊びながら向かっていけば、そんなに難しいことって、世の中になんにもなかった、っていうくらい。
だって、世の中のほぼすべてを、自分の錯覚で見ていたっていうことなら、これから、一からすべて学びなおせばいいじゃないですか。それが、本当の学びというかね。

全員が――全員がですよ、もし、新たな次元ということで生きていくとしたら。全員、最初からやりなおし、ということ。どんなに頭のいい人も、平面次元で生きているから。

ど――――んなに素晴らしい人たちも、最初からやりなおし。だからこそ、「ひっくり返る」ということ。

逆に言えば、チャンスは誰にでもあって。そしてさらには、子供たちに大人が学ぶという時代が来ちゃうと思うんですよ。

というのは、子供たちが立体を作りはじめているんです。日本中、いろんなところで。お母さんが教えたりしてね。

本当のことを言ってしまえば、僕たちも、子供のうちからふれたかったわけですよ。こういう立体に。なぜ学校でやってくれなかったんだ、っていうくらいのレベルだと思うんですね。

もし、子供のうちから、こういう立体を、立体の知識を、入れこんでいったら、立体的な視野ができるんですよね。

## 「揃う」というのは、平らにすることではない

**トッチ**　この立体（ベクトル平衡体・75ページ参照）は、どこが欠けてもダメなんです。

ということは、いじめなんてしていたらエネルギーが回らないんだ、ということに気づきはじめるわけ。要は、みんな揃っていなくちゃダメなんだ、という。

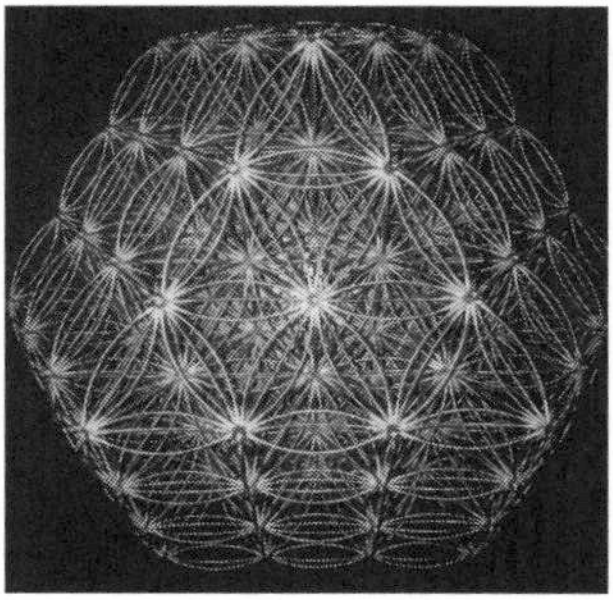

ベクトル平衡体はどこが欠けても成立しない
＝エネルギーが回らない

でも、その「揃う」というのが、平らにするという「揃う」ではなくて、一人ひとりそれぞれ、自分が「ここだ」と思うポジションにつくということ。

それは、社会の中であったり、会社の中であったり、はたまた家庭であってもいいと思いますけど、「ここが自分の場所だ」というところを、一人ひとりが見つけられたとしたら、それはひとつの幾何学的な構造をつくりはじめるわけです。

ときに、形をトランスフォーメーションしてね。

だって、1年の間に4回季節というものがあるんですよ。日本の四季なんて、特に変容しているじゃないですか。僕たちも、ところどころでトランスフォーメーションしていかないと、生きていけないんだ、ということです。

すごくシンプルなお話だと思うんです。本当は。なんにも難しい話ではなくて。難しいと思ってしまったり、地震や火山の噴火というものに対して恐れを持つというのは、違いますよね。そういうものは、本来は味方につけた方がいいんじゃないですか？　っていうことなんですよね。

地震がヤダって言っておいて、自分は寒いときにブルブルブルって震えたりしてね。同じことですから。同じことですよ？　地球に地震が起きて震えているのと、人がトイレに行ってブルブルブルって震えているのは。

トイレに行って「おーっ」って言ってジャーッと出したら、「あースッキリした」って帰ってくるわけでしょう？　それを、地球がやったら「ダメだ」って言うわけ。「害だ」って。

## 「地震」が「自身」なら、イヤがれば「自信」はつかない

トッチ　以前から僕は「日本語は呪詛《じゅそ》だ」って言ってますよね。漢字が呪詛だから、漢字をカタカナやひらがなに変換したり、会話そのものをカタカナに変換してみて、って。

例えば、人にイヤなことを言われたって、自分で好きな漢字を当てはめてみてしまえば、いいわけですよ。そしたら、エネルギーを変えられるんだから。

そういう遊びをしながらでもいいんで、呪詛から外れて。

もし「地震」が「自身」だとしたら、地震を恐れるということは、自《みずか》らを恐れることになってしまいますよね。

地震というのは、どちらかといえば波動であって。その波動をイヤがるということは、自分に波動がつかないんです。地震が、自信が、つくわけないということ。

僕たちは、本当に根本的なところから、国を見たり、世の中を見たりしないと。表層だけで日本や世界を見たって、本質は永遠に見えてこなくて。

「自分が今まで見てきたものは全部ギャグだった」にした方が、おもしろくないですか？　「そんなわけない」と言って怒っている時間と、「ウケるわ、全部ギャグだって」って笑っている時間と、どっちがいいですか？　っていうね。

僕は「ギャグだった」「お宅もかい」と言って、笑いあっている方を選びたい。

でも、今までの価値観だとそれは選べないから、こういう立体の世界をつくって、自分で納得してね。

## 波、螺旋、浮き沈み——言葉のトリックから抜ける

**トッチ**　これも以前からお伝えしていますけど、これは波なんですよね（1辺を4本で作ったベクトル平衡体・80ページ参照）。ということは、高かったり、低かったり……つまり、上がったり下がったりして、波になるわけですね。

そして、一番中心の1本の軸に対して、どれだけゆるやかな波をつくるか、ということが大事で。

また、その波だと思っていたものも、方向を変えてあげたら、螺旋《らせん》だったわけです。

曲げた綿棒で作る
ベクトル平衡体

波ができる

1本の軸に対して
どれだけゆるやかな波をつくれるか

前から見ると

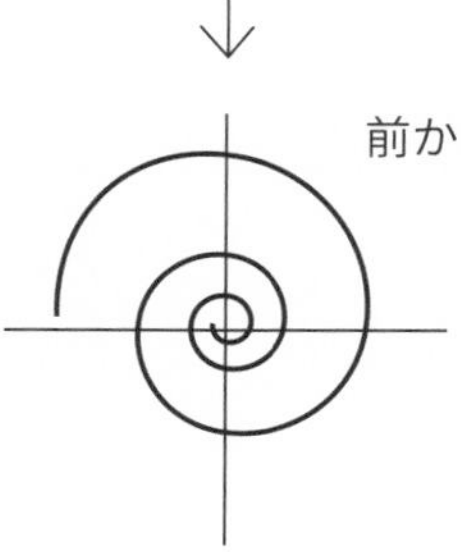

波だと思っていたものも
方向を変えると螺旋であり、渦

みなさんは、「螺旋」という言葉を使うとイヤがらないのに、「浮き沈み」という言葉を使うと、イヤがるわけ。同じものなのに。

そういう、言葉のトリックから――儀さんは、サングラスをかけるとマリック――抜ける。

こんなふうに、遊びを使って、真実に入っていく（笑）。

これを見てくださいよ。曲がっているということは、収縮するんですよ。筋肉みたいになっているんですからね（82ページ参照）。ゆるめるから、中に入れる。バネができるから、バネになるから、鋭く刺さる。中に入っていける。立体を作るのは、そのバネをつくるということなんですよ。

そして、ここには見えない回転が生まれているから、その構造は立体だし。色分けしたら見えてきますけど、全部螺旋なんですよ。渦《うず》の集合体。

曲げた綿棒で作る
ベクトル平衡体

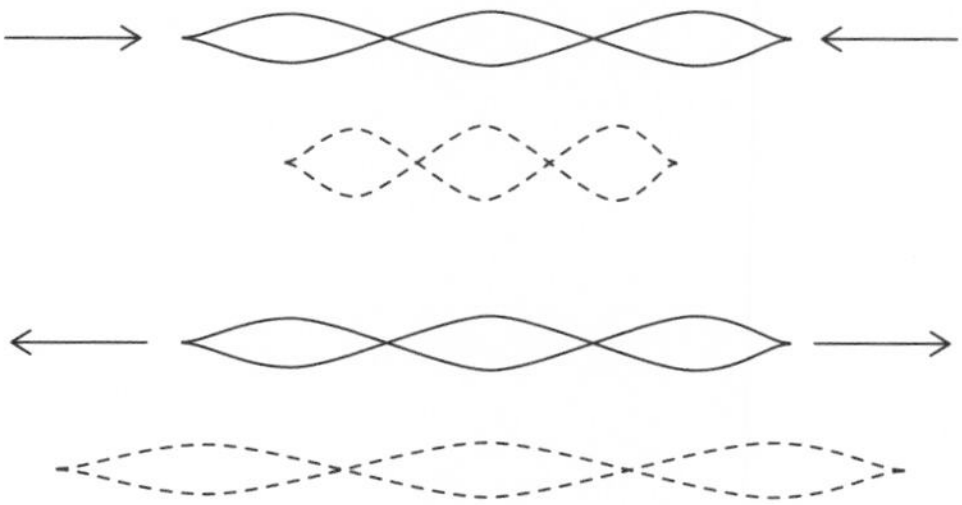

筋肉のように収縮する
それがバネになる

そしたら、あれ？　これは、アメノウズメのお話なんじゃないんですか？　って。これ、ウズメさんたちが、笑いながら踊っているんじゃないの？　って。こじつけに聞こえるかもしれないですけど、こういう立体にふれていると、日本的にも世界的にも伝わっている神話と、リンクしたりだとか、するんですよね。

## 立体構造の中に入っている情報が、たくさんある

**トッチ**　この、上3つの部分なんて、「ミツウロコ」といわれている、日本の家紋ですからね（84ページ参照）。

ほかにも、いろんなブランドのロゴが入っていたりだとかね（84ページ参照）。日本の和柄だって、この中にいくつパターンが入っていると思います？　わかりやすいから麻の葉模様と七宝模様をあげていますけど（85ページ参照）、ほかの文様、模様も、いくつも入ってますからね。

ミツウロコ

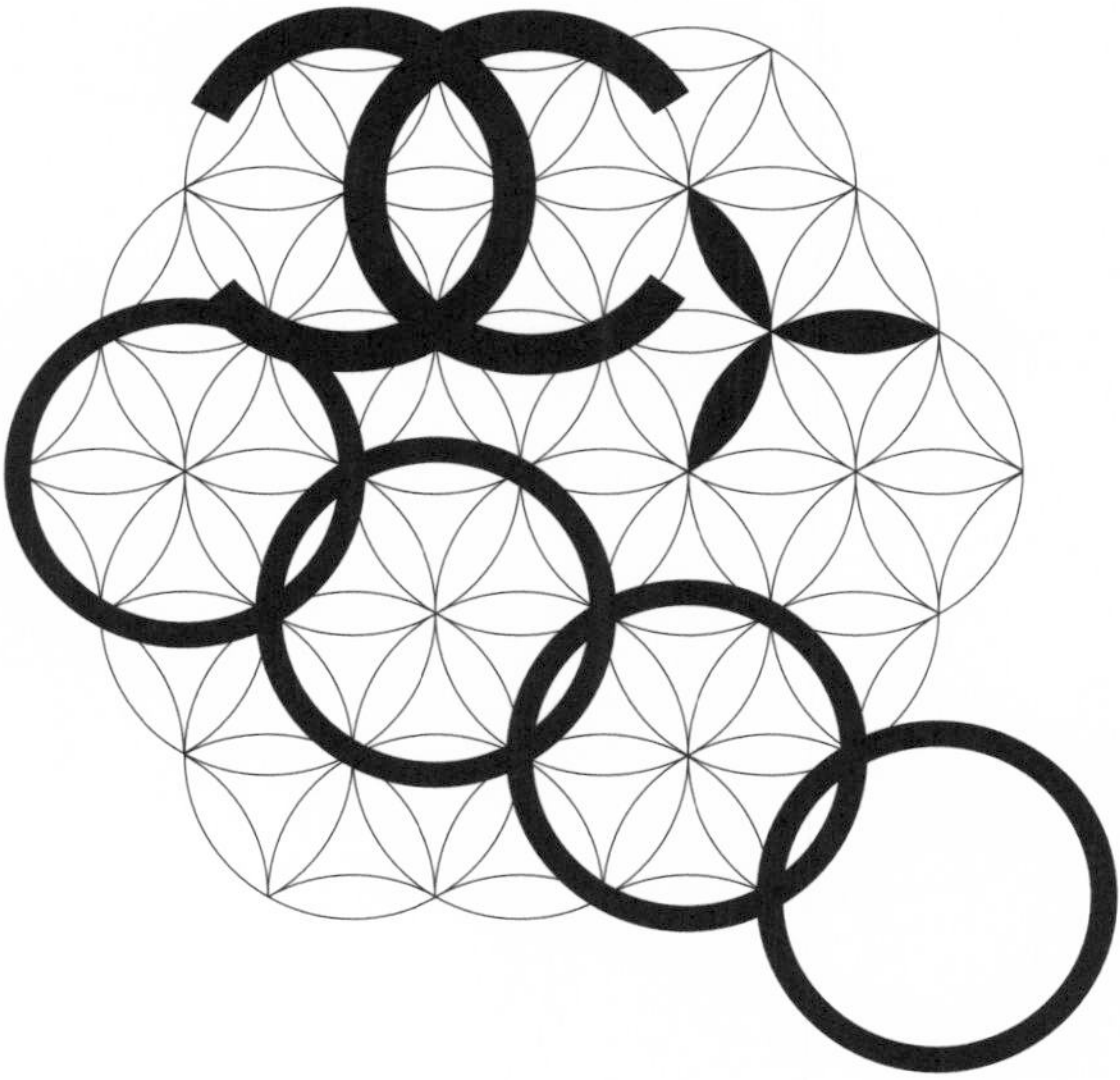

日本の家紋からブランドのロゴまで、
さまざまな文様・模様が入っている

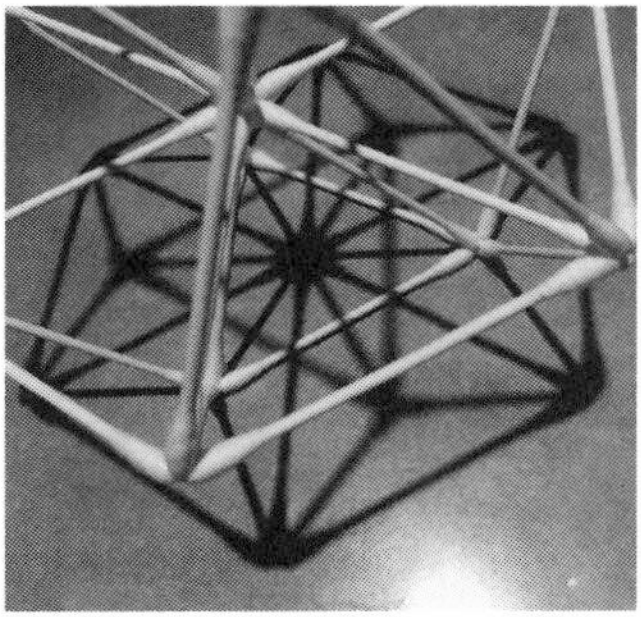
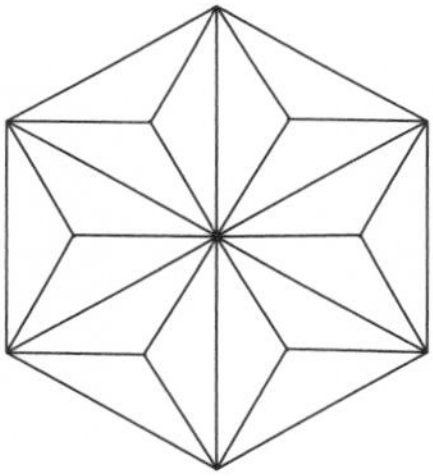

麻の葉模様

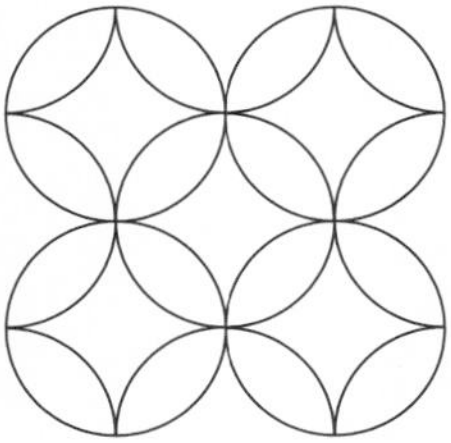

七宝模様

平面的な六芒星《ろくぼうせい》がありますけども、それらが4つ組みあわさると……要は立体になると、何になると思います？　十字架ができるんですよ（87ページ参照）。

みなさんは作ったことがないからわからないの。

でも、僕は作って見せてるの。

そういう目線で、みなさんがこういうものを見ることができたら、どうでしょうね。立体の中に入っている情報が無数にあることに、気づくと思いますよ。

これまで、この会にいくつも作品を持ってきていますけども。その作品自体に、ものすごいヒントを入れて作ってるんです。

ただ、これを眺めているだけでは、平面を見ることになってしまう。そこで止まらないで、その奥行きを見られるようになってもらいたい。

何個も何個も、いろんなヒントをちりばめて作ってきても、それを拾える人はなかなかいないというか。まだ表層で見ている部分があるかもしれないんですね。そのへんをより意識してもらうと、入っていける奥行きが変わってくるかなと思います。

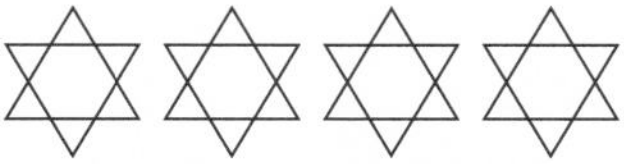

平面的な六芒星が４つ組みあわされると

立体になり

十字架ができる

そもそも、こっちはいたずらっ子なわけで。何かしら仕組んできているに決まってるでしょうっていう話で。お遊びしながら、みなさんが気づいたときに、ハッ！ となれるようにしてますよ。だから作品には「後効き膝カックン」っていうサブタイトルがついているんですよ（笑）。

## 古神道が本当に大切に守ってきた真理――立体世界・神聖幾何学

**礒** 私の場合、神聖幾何学と出あい、本物の立体の世界を垣間《かいま》見るようになってから、これまでの、平面的なスピリチュアルな世界にまったくと言ってよいほど興味がなくなりました。見えない世界を自《みず》らの都合のよいストーリーに照らしあわせて、前世がセオリツ姫だったとかスサノオだったとか、自分はシリウス系だとかレムリアやアトランティスの過去生があるといった類《たぐい》のことは、本当にどうでもよいこと。実《じつ》をともなわない妄想の領域としか感じられなくなったのです。

もうすでにはじまっている世の中の大変容が、法則性に沿って日を追うごとに加速している中、刻々と変わりゆく新しい環境の下《もと》、内外から突きつけられているドラスティックな現実、昨日まで当たり前だったことがどんどん消えてなくなっていくような変化や、それにともなう自らの揺れる感情に、調和的に対応することができるのか？

その答えや行動の指針を明確に示すことができる実践的な叡智《えいち》・真理以外をこの未曾有《みぞう》の大変容の真っただ中、求めることに意味がないわけで、そういうことに使っていた時間を本物の真理の探究・実践のために活かしたくなったわけですね。

ところが、いざやってみると立体世界・神聖幾何学の探求・実践というものは、そんなに簡単なものではありませんでした。それどころか、古神道《こしんとう》が本当に大切に守ってきた真理というだけあって、それを常に体現しつづけることの果てしなさを思い知ることになったのです。

## スピリチュアルと信じていたものが、空想の塊に過ぎなかった

**礒**　神聖幾何学を生みだしている法則性について知識を得ていく段階は、まだ入口のようなもので、法則性を生きぬくこと、生きざまとして体現することは、ひたすら体験を重ねて試行錯誤しながら、受けとり行動しつづけていくことでしか自分の中に入ってこないことを、ある種の絶望の中で理解する過程に行きつきます。

ここで、自分がこれまで行ってきたスピリチュアルだと信じていたものが、いかに実《じつ》をともなわない空想の塊に過ぎなかったかということ、そして見えない世界を都合よく使って自分にエネルギーや利益を集めていたのだということを、目《ま》の当たりにして愕然《がくぜん》としました。

平面的で二元性をもったスピリチュアル（と勘違いされている世界）の危うさと無意味さに気づかされつづけて、ほぼすべてが、ただの自己満足や現実逃避のためだったことをきちんと認めるまでに、ずいぶんと長いこと不思議なエリア（精神状態）に入っておりました。

膝カックンというよりは、ドロドロ自我溶解！　みたいな感じでしたね。

いまだに大掃除のプロセスの中にある自分の一部もあって、周期的にドロドロ溶解しつづけているのですが。

それすら楽しめるようになってきました……なにせ立体ですからね。

すでにはじまっている世の中の激動に対応することができずに精神が壊れてしまうよりも、先に自《みずか》らの意志でこのような体験を重ねられていることに、とても感謝しています。

## 破壊と衝撃がないと、目覚めのスイッチが入らない

**トッチ**　僕なんか、とっくに……何と言ったらいいんですかね、ものの見方とか、考え方が、以前とまるっきり違っていて。すでにもう、ズラして生きているんですけども。

もし、これから変わっていこうとしても、そこをつかみとるのに、しばらくかかってしまう。だけれども、そこを短縮していこうとしたら、どうなるのかと言えば。もう少し、日本でいろんなことが起きると思います。それくらいしないと、目覚めないんですよね。だから、みんなが目覚めるように、地球が動いてくれている、というふうに思った方がいいかもしれないですね。それを恐れにするのではなくて、むしろ受けいれて。

逆に、そこを越えた自分たちの方が、おもしろいと思いますよ。

みんな、考える時間は等しくあって。大きいきっかけで言えば、2011年の3月11日から、考える時間は平等にあったわけです。

どんなに忙しい人だって、遊びに行く時間だとか、デートする時間があるということは、考えられる時間は必ずあったわけで。その間にシフトしようと思えば、みんな、誰でもできた話なの。本当は。それを僕は、はやめに理解して受けいれて動いていたから、今こういう場にいて、お話ししているだけで。

ほかの誰かが動いていたとしたら、その誰かが、ここに座っている可能性だってあるわけです。

そういうことを受けいれるのに、それくらいの破壊、衝撃がないと、そもそも、スイッチが入らないようになっている可能性もあるんですよね。ショック療法というか、電気ショックのようなものを与えて、よみがえらせるみたいなものですよね。

僕たちの中も同じ原理だとしたら、何かしらのショックが起爆剤みたいになって、目覚めていくのかもしれない。

でも、そういうことを通過しないで、目覚めた領域に行ける方法が、立体を作るということだったとすると。みなさんはどっちを選択したいですか?

たぶん、作りつづけていけば、ご家族やパートナーなんかに、「アタマでもおかしくなったのか?」と言われる人が出てくると思うんです。「こんなのいっぱい作って、大丈夫か?」ってね。そしたら、おおいに笑ってあげればいいと思うし。やっとはじまる、って思ってもらえればいいんじゃないかな。

作るものがだんだん複雑で大きなものになっていけば、バカにしていた人たちが、今度は「何それ?」っていうふうに、見る目が変わってくるから。そして気づいたら、「作り方教えてくれ」って聞いてくるようになるから。そしたら、どんどん日本中に配っちゃえばいいですよ。

# この季節・時代に立体が出る細工、日本の神仕掛け

**トッチ**　そもそも日本中には、麻の葉模様というかたちで、目覚めるための仕掛けがしてありますから。

これは本当に神仕掛《かみじか》けだね。この季節というか、この時代に、この立体が表に出るように、日本中に細工がされているということ。そこが、いつつながるか、というだけの話であって。

それを、大変な思いをしてから気づくのじゃ、ツラいぞ、っていうね。

どんどんいろんなことが起きてきますよ、というのは、この会の第1回のときからお話ししてきていて。今日までの間に、日本中に何があったと思いますか？　どれだけのことがあったと思いますか？

1月に第1回があって、今日まで（当書籍シリーズのもとになった連続セミナー

の第1回は２０１８年1月に開催。今回第9回は２０１８年9月に開催）。

お話ししてから、それが実際に起こって……ということが、いろいろあったと思いますが、どれくらいの間が、時差があると思いますか？

大阪とか北海道とか、岡山とか、あちこちでいろいろなことが起きているけど（２０１８年6月・大阪府北部地震、２０１８年9月・北海道《ほっかいどう》胆振《いぶり》東部《とうぶ》地震、２０１８年6～7月・平成30年7月豪雨が発生）、その前にお話ししていたことが、時差をもちつつ、文字になって、本になっている。

## 立体作りで、自分自身についてくるエネルギーの強さが変わる

**トッチ**　お話ししていることが時空間を超えてあらわれてくる、といったことも、立体的な視点だと思うんですよね。

また、立体を作っていくと、昔のことが出てくるというか、回想シーンみたいなものが出てくるようになると思うんです。

作りだしていくことで、なんだか過去の記憶が、作りながらよみがえってきたりだとか。

そういった側面もあらわれてくると思うんですけど。そういうときが、チャンスなわけです。

あえて、そういうものを出してくれるんでしょうね。なにかが。

立体神聖幾何学が、本当に法則性をもっているから。

ただ作っているものではない、工作ではない、仕組みをつくっているわけだから。トーラスというエネルギーがかえってくる。それを続けていくことで、何かしらのスイッチとつながるのかもしれないんですよね。見えないところでね。

そうなっていったときに、できることの幅の大きさの違いというか、質量、自分自身についてくるエネルギーの強さみたいなものというのは、やっぱり、ものすごく変わってくると思います。

また、立体に色をつけたりしていくと、本当に気づけない気づきがあったりしていくんですよ。

これ、大きく分けて金・銀・銅の3色で塗って作ってきましたけど（表紙・99ページ参照）、3種類の金属で作った場合、電流を流すとすると、そこに電位差というものがあらわれるんです。性質が違うから。

銅を流れる電気の強さとアルミを流れる電気の強さというものは違うんですよね。

それが、この立体の構造上、電流を流すだけで、もう渦《うず》ができるというわけです。

動画検索してもらえば見られると思うんですけど、アルミホイルに電流を流したら、浮いちゃうんですからね。誰だって探せば見られると思いますよ。

だから、UFOを不思議と思わない方がいい。今の地球上の技術でできるものな

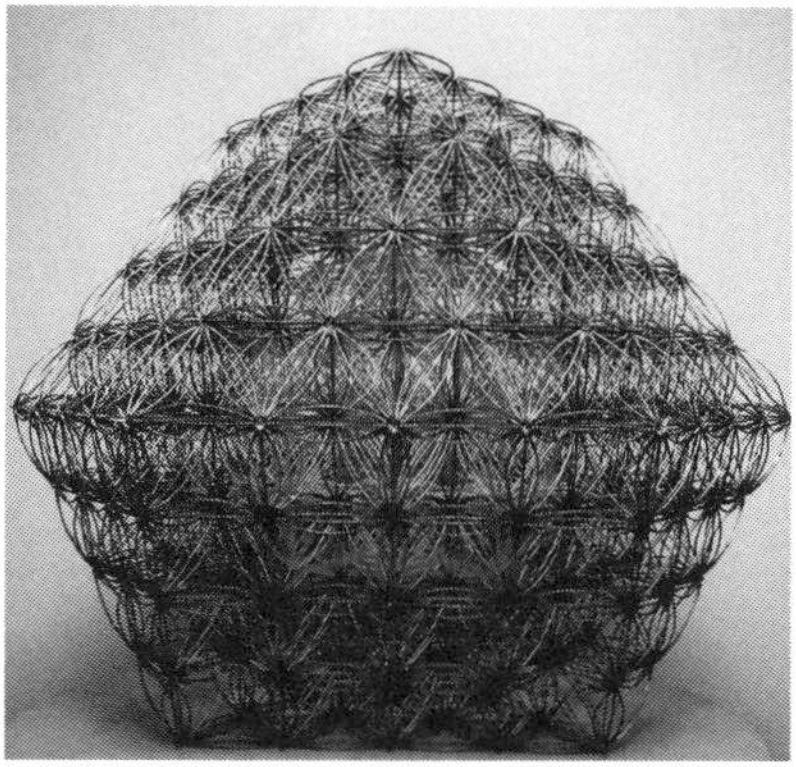

金・銀・銅の３色を使って塗りわけられている

の。それを、できないと思ってしまっているのが、まず自分たちなわけ。不思議じゃないものを、不思議にしちゃって、そのまた逆もありきで。だから、そもそもまったく入れかわっているということに、そろそろ気づいてください、ということです。

おばけ屋敷に行ったり、おばけを見たりして、キャーって言ってるのは、後から照れることになるからやめとけ、ってね。以前からお話ししてますけど。みんな何回も死んでるわけでしょ? みんなおばけだってことよ。僕も含めて(笑)。

本当に、それくらいの考え方の方がおもしろいですよ、ということ。おばけ、って言いましたけど、ある意味、人工知能だとも思うんです。僕たちは。

だから、人間だと思っていない方がいいですよね。ロボットかもしれないし、人工知能かもしれないし、はたまた妖怪って言った方がはやいんじゃないか、と思ったりもしますし。

恐れを持つもの、感じるものを間違えている、と思いますね。

## 十分に揃い満たされた世界で、奪いあいの戦争をしていた

**礒**　神聖幾何学を生みだしている渦《うず》の流れ、波の動き、その流れのエネルギー源こそが一霊四魂《いちれいしこん》＝魂なわけですから、私たち一人ひとりの内にそれが宿っているわけなのですね。

宇宙のすべてを生みだし、育《はぐく》むシステム（法則性の源）が、漏れなく私たち全員の中に宿っているってすごくありませんか？

太古の日《ひ》の本《もと》の神官たちは、このエネルギーの根源とその仕組みを理解し、存分に使いこなしてお互いを認めあい、活かしあいながら国造り、星造りを行っていた

のだろうと思います。

どんな事象があったのかはわかりませんが、あろうことか最も大切なこと、たったひとつにして永遠不変なる真理が何であるのかを全員で忘れてしまった。これもまた神仕組《かみじく》みなのでしょうが、もしゲームだとしたら、何とハードルの高いパラレルを選んでしまったのか。

逆に、もしゲームでないとするなら、一体どうしちゃったんでしょうね、私たち!?

あまりに悲しすぎて……でも全員で忘れてしまったんですから、全員で一からやり直すしかないんですよねぇ。だって現在執着しているものや価値観の方が実は幻想で、ちゃんと目覚めたら十分に揃っている世界、満たされている世界で奪いあいの戦争をしていたことに気づいてしまうわけで。

それでもまだ過去の幻想・執着の世界に居つづけようとする自分がいる。

考えてみれば、本当に怖いのは、全宇宙共通の法則性から離れて妄想の世界を生き、何度も転生を重ねてしまっているあり方ですね。それこそがリアルなギャグだ！　ということに立体世界の学びを通じて気がついた方が、はるかにオモシロイ！　人生になる。

悩む必要がなかったことに気づいていくわけですから。

まぁ、私はいまだに悩みプレイ、ときどきしていますけど。趣味なんで（笑）。意識をディセンションさせて、二元性を生きはじめてから久しく。いよいよゲームオーバーの鐘が鳴り響こうとしているのかな。

## 自分自身こそが、宇宙の真理そのものだった

**礒**　なんでも、われわれの内に宿る一霊四魂《いちれいしこん》（内なるフラワーオブライフ）が発動したときというのは、宇宙の法則性にのっとって、1秒間に660兆回転もしちゃうそうで!!

これは、宇宙の中心であるグレート・アトラクターに匹敵する回転数だとも言わ

れているようです。

真偽のほどは各自自己責任で体験を通じて確認してみていただければと思いますが、わたしたちはこれまで、不覚にも内なる神を発動させることなく、幾度も輪廻《りんね》転生を繰りかえしてきたようです。

そして、輪廻転生を重ねても真理の何たるやを思い出せなかった結果、今、ここにこうしているわけですけれども。いよいよもってして真理の形霊《かただま》と出あって、どうする自分？　ということになりますね。

たったひとつの真理に帰依《きえ》し、それを実践する生きざまを貫いたときに、神なる自分自身に気づき、えっ⁉　もしかして自分自身こそがこの宇宙の真理そのものだった？　ということを思い出す。そんな悠久の魂の旅の、最終章、最終ページに、もう入っているのでしょうね。

# ポータルは「中」

**トッチ**　今、礒さんがおっしゃってくれたとおり、僕たちは、これから思い出さなくちゃいけないことがあるというか——もともとの状態になる。

「中」に入っていかないと、ポータルがないということに意識を移動してもらうと、考えやすいかもしれないですね。

物理的にも——科学者の人たちというのは、中心というのは何ぞや？　どこにある？　というのを探すと思いますし、荷物を持つときなんかも、その中心はどこか？　というのを考えると思いますけど。

それは、そこにヒントがあるからだと思うんですよ。

中心にヒントがあると着目したときに、それがもし、構造をもっていたとしたら、こういった立体にある構造だと思うんですね。

完全なるものという意味で見たら、この立体（ベクトル平衡体）は、どれも同じ長さで。

どれも角度があるにもかかわらず、同じ形が組みあわさっているだけで、三角を作っているだけのはずなのに、四角ができてきて、死角ができてきて（107ページ参照）。

綿棒を曲げて作ってみたら、丸もあらわれてくるし、洗われてくるし（107ページ参照）。

本当にいろんなものを見せてくれるもの、方法が、こんなにそばにあったなんて。手元にあったものでできるなんて、できたなんて、ということに気づいたときの、ショック。

本当に見ていたところが違ってたな、というね。

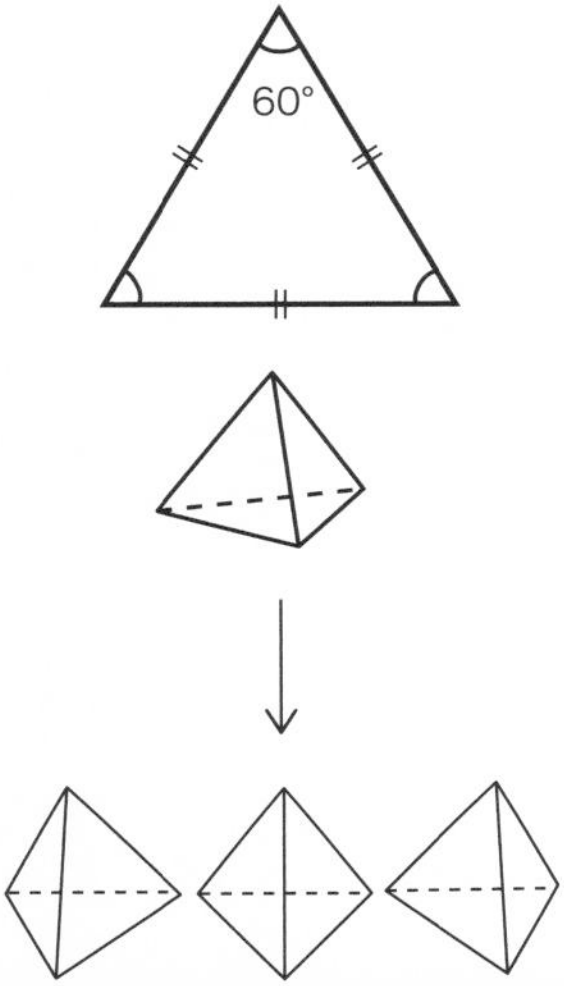


正三角形を組みあわせた
正四面体でできている
（火のエレメント）

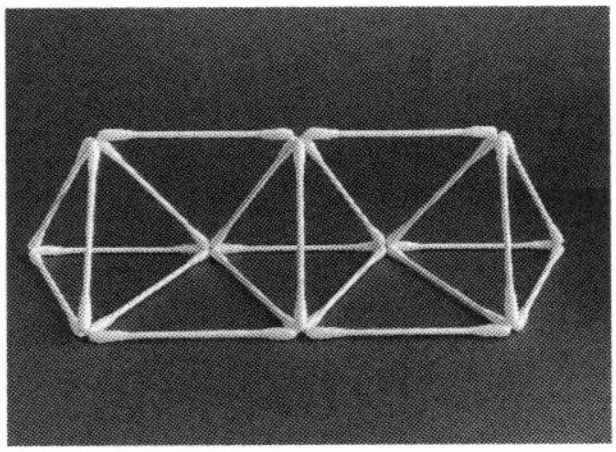

三角形を
組みあわせるだけで
四角形ができる

綿棒を曲げて作ると
○があらわれる

## すべては自分の中にエネルギーを取りもどしてから

**トッチ**　僕は、鼻と耳をほじるのが大好きなんで、綿棒なんてよくお世話になっていたのに、見向きもしなかった自分を、まずは懺悔《ざんげ》ですよ。すんませんでした、っていう。

目の前にあったもので、すごい深いところまで入っていけるものがつくれたのか、と気づいたときの、腑に落ちてしまったときの、つらさ。もう、本当に。

「なんにも見てなかった！」という自分に、気づいちゃうときですからね。

笑えてくるんですよ、本当に（笑）。

どんな人も、即座に笑える方法だと思います。

だってもし、今までの過去のすべてが、自分の思いこみだったと気づいたら。

ほとんどのことが、ですよ。ほぼすべてのことが、思いこみだったとしたら。

「ウソでしょ?」ってなってくるわけです。

そうすると、度合いによっては、受けいれられない人も出てくるだろうし。

でも、どんな人も受けいれられる方法が、「ギャグだった」にしちゃうということ。しかも、みんな、すべて、ギャグにしちゃえばいいじゃない、と。そうすれば、最初からみんな立て直せるじゃん、ってね。


どんな人だって、この構造と仕組みをちゃんと理解していくことができたら、本当にエネルギーとして、回せるようになっていくんじゃないかなと思うんですね。

それをきちんと理解しないままで、人類は今、フリーエネルギーとして外に求めようとしていて。

そうすると、本当に今の価値観では破壊にしか使わないぐらい、考えなくなってしまっていて。

だからまずは、自分の中にエネルギーを取りもどした上で、外に目を向けるというかたちをとるのが、構造としても理にかなってると思うんですよね。

まず内側に火をともしてあげて、そしてはじめて、外が照らされる。

さらにその、「火をともす」ということが、内側を「満たす」ということではなかったということなんですよね。

今までの価値観だと、いかに自分を満たすかというところに目を向けていた。それが「火をともす」ということだと勘違いしてしまっていて。

それは表層の光だったわけで。中の光ではなかった、というところに意識がいったら、また全然違ったもののとらえ方になってくると思いますし。

そういうことを、こういった立体の構造が教えてくれているんです。

## 「火」の積みかさねが、宇宙の真理

**トッチ**　本当に、この立体（ベクトル平衡体）は火のエレメントの集合体で（111ページ参照）。

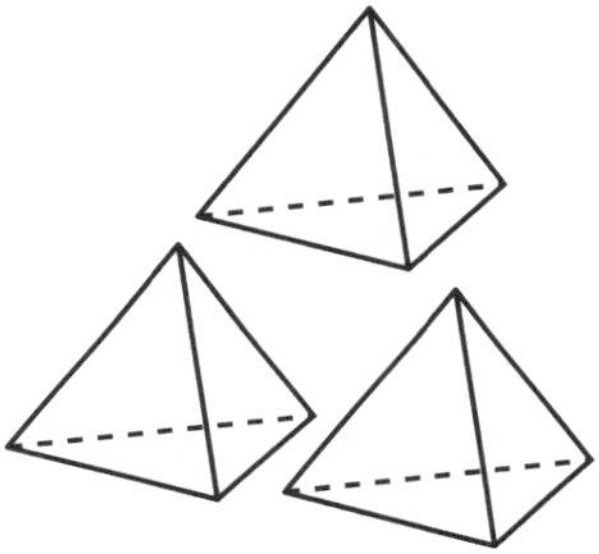

火のエレメント
（正四面体＝正三角形が４面）の
積みかさねが形になったもの

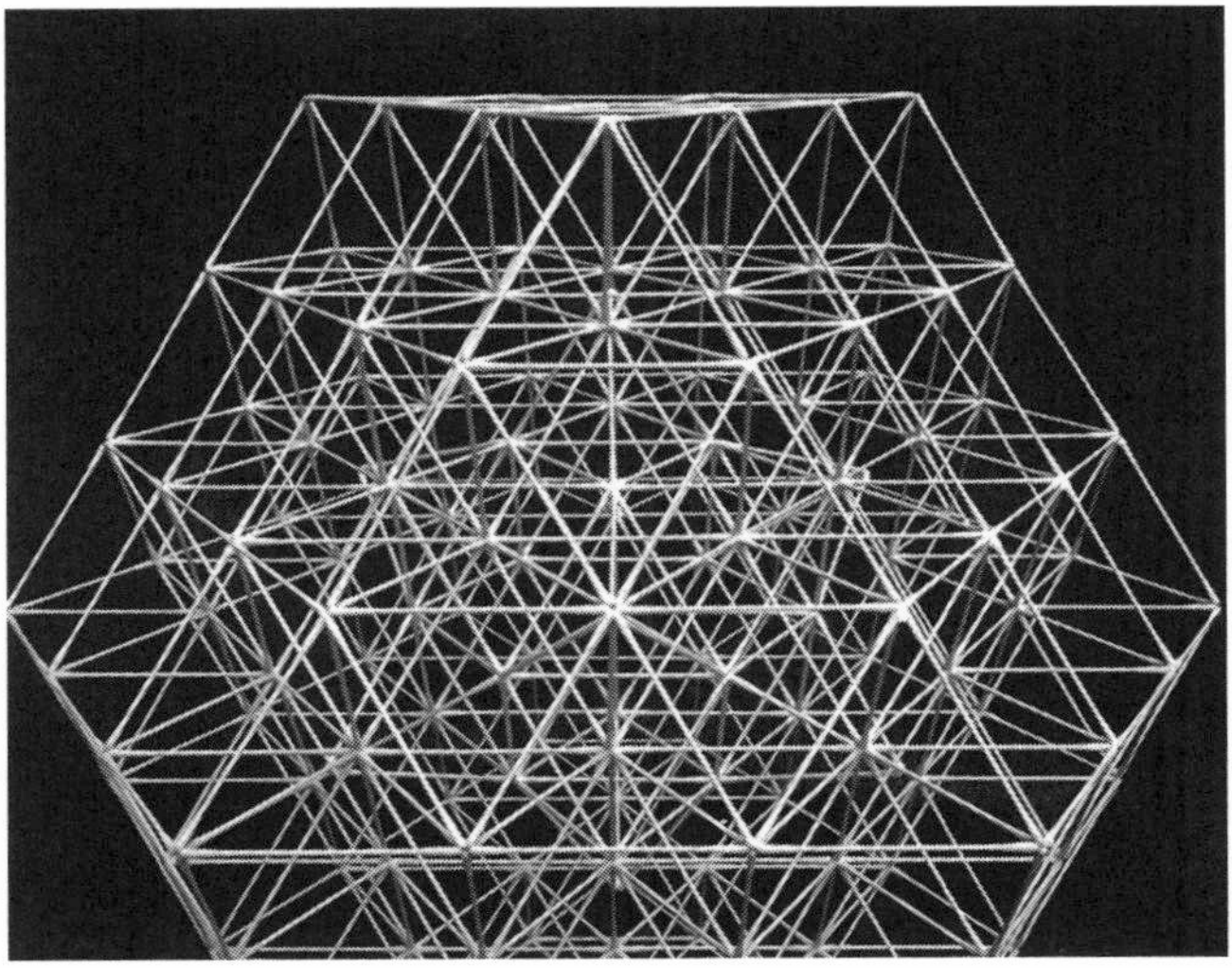

ベクトル平衡体

僕たちは月曜日、火曜日、水曜日、木曜日、金曜日、土曜日、日曜日、って、「ひ」の積みかさねなんですよ。

この立体は、それらが形になっているだけなの。だってこれ、火のエレメント「火」が重なっているだけなんですよ。本当に（111ページ参照）。

ただ「火」の積みかさねだというのが、形になっただけのもの。

それがフラワーオブライフ。宇宙の真理。

だとしたら、僕たち人類は、一体今まで何をやっていたのかと。

誰が気づいてもおかしくないようなことだし、もっとはやく世に出ていても、なんらおかしくないいんじゃないですか？　っていうね。

これは、グリッド部分にクリスタルガラスが入っていますけど（表紙・113ページ参照）、ここに磁石がはまっていたとしたら。

そして、外側に球体がきたときには、球体はまたグリッドの位置が違うから、そこには、常に反発する力が生まれていて（113ページ参照）。

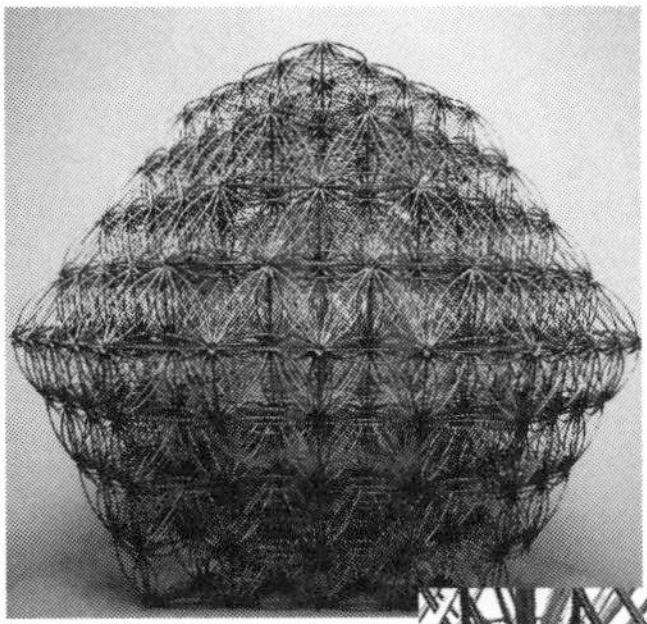

グリッド部分に
クリスタルガラスが入っている

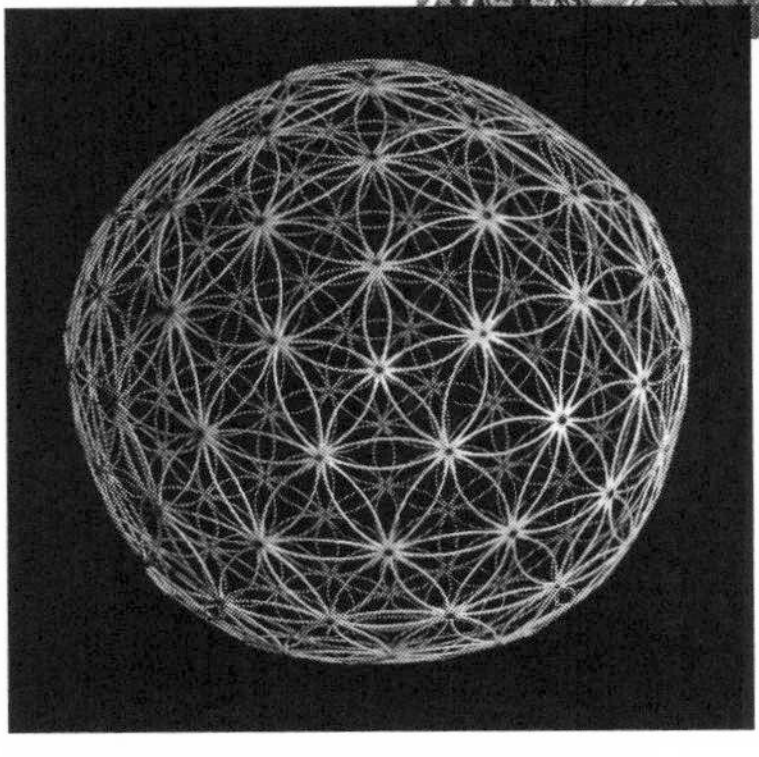

外側に球体がきたときには
グリッドの位置が
異なるため
反発する力が生まれる

それがバランスのとれた反発の仕方というか、規則性のある反発をするとしたら。回りだすというのは、誰でもわかるでしょう？

僕たち一人ひとりは、エネルギーの磁場が整っていない状態なんですよね。もしこういった立体が、磁場そのものだったとしたら、まずその磁場は何なんだ、ということを知った方がいいと思うんですね。

そしてまた、その磁場の形というのが、幾何学の構造なのだとしたら、それが同期してくるというのは当たり前の、すごくシンプルなお話で。

## 気づけるか、というゲーム

**トッチ**　5が神ですよ、というお話に今日も少しふれましたけど（64ページ参照）、それは5つのエレメントでもあります（116ページ参照）。

火と風と土は、ベクトル平衡体を基本とした構造体が示していて、外側には水と電気を基本とした構造体があって（116ページ参照）。

それは3：2になっているんだけれども、3：2をあわせたら5で、それでひとつであって。そこではじめて、5＝神なり＝雷というプラズマが生まれて。

「プラズマ」という言葉を使えば、プラズマ溶接というものがあって、それはアーク溶接ともいわれていて。

そうすると、「アーク」という言葉は、どこかでも聞いたことがあるな？　ということになるんだけれども。

そうすると、「失われたアーク」と言われるもの自体が、こういった立体の構造体のことなんじゃないですか？　っていうことになってくるわけです。

つまり、エネルギーを生みだす装置が失われた、封印されたということですよね。

そうすると、歴史がすべて変わってくる。

5＝神 それは5つのエレメントでもある

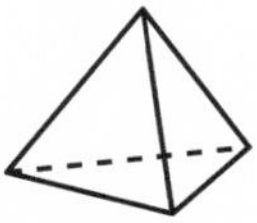

火
（正四面体） ------ ひ 1

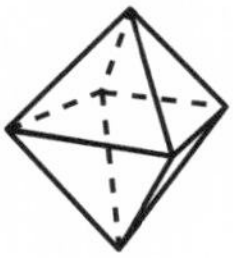

風
（正八面体） ------ ふ 2

水
（正二十面体）

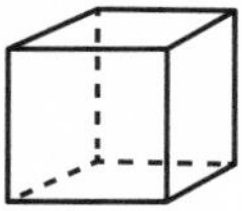

土
（正六面体）

（水・土） ------ み 3

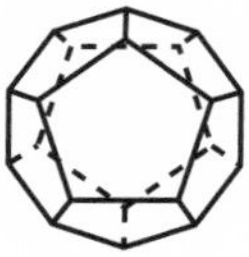

電気、スピリット
（正十二面体） ------ よ 4

雷＝神なり ------ い 5

〈中・ベクトル平衡体〉
火・風・土
3

〈外・球体〉
水・電気、スピリット
2

↓

5＝雷＝神なり／プラズマ

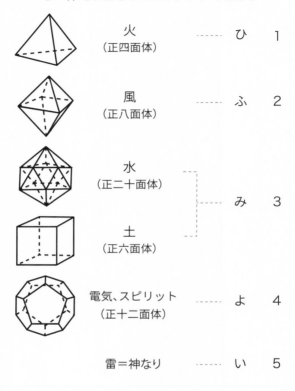

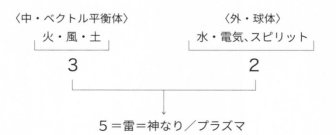

本当に、全部が変わっちゃう。

でも、そういうことを、国とかが表立って明かしたりしたら、大変なことになると思いますよ。それこそ、暴動みたいなのが起きちゃったりして。だからわざと隠しているのかもしれない。

そうなると、国の人たちも実はそんなに悪い人じゃないんじゃないの？　ということになって。やっぱり全部がギャグだった、と。

だから、教えた先生も悪くない、教わった習った方も悪くない、最初からそういう、冗談だった、みたいなね。そもそも。

そういうゲームだった。

気づけるか、というゲーム。

でも、そのゲームにまんまと引っかかってたというね。

そしたら、引っかかったことに、みんなで笑いあえば、はやいことであって。今さら無理やり仕事を変えろ、とか、そういう話ではなくて。

立体的な視野を手にいれて、世の中全部ギャグだった、にして。

そうしたら、笑いながら会社に行けるでしょ。

会社に通うだけで、おもしろくなってくると思いますよ。道行く人たちみんな、世の中ギャグだって知らないんだから。

## 立体世界に移行する間の、価値観のせめぎあい

**トッチ**　一度こういう立体の世界を理解しはじめてしまうと、今まで自分は何を見ていたんだ？　というところまで行っちゃうから。本当に。

そして、これを伝えてあげたい、と思うようになるんだけれども、伝えてあげたら、こっちがバカ呼ばわりされちゃいますからね（笑）。

でもそれももう、「何コイツ」と思うのではなくて。それさえも笑える、に変えてあげる。

本当のことを知ったら人はいなくなる、去っていくんだ、ということを知って、笑いをもって過ごしていけたら、ツライ日って、そんなになくて。


本当に立体を理解していくには、ある程度時間がかかると思うんです。

その間というのは、これまでの価値観と新たな価値観がすごいせめぎあいみたいなものをするので、ときに、今までよりツラく感じることもあるかもしれないし。大変だなと感じることも起きてしまうかもしれない。

でもそれは、ずっと続くわけではないので。

物理的にいえば、ある意味、削ってもらって遊びをつくる状態なわけです。

逆に、そうすることで磨きがかかるということ。


そういったことが、物理的にも魂的にも同じことだ、という立体的なとらえ方ができると、進みやすいと思います。

何か悩みが生じたときに、じゃあこれは、科学でいったらどういうことになるのかな？　とか、置きかえてみて。

それは、自分が理解できそうなジャンルでいいと思うんですよ。音だったらこういうことかもしれない、とか。

全部同じことだとしたら――同じ法則だとしたら、必ずあてはまるものが見つかるはずなんですよね。

今僕がお話ししたことは、立体を何個も作っている人にとっては、遊び方に聞こえたんじゃないかと思いますね。

## できあがった先の視点からものを見られるようになる

**トッチ**　こうしていくつも作っていると、頭の中で立体を作ることができるようになってくるんです。だから、立体を色づけしたりするときに、綿棒の数を数えたりもしないですし、いきなり作りはじめて形を出していったりとかね。

考えない、ということができる。

勝手にそこまで行く、という状態で作るので、作っている手元も、見ているようで見ていないかもしれないです。そこに重点を置かないというか。

できあがったところ、完成したところから、その手前の工程を見にいっているような状態で。

そうすると、先の方の視点からものごとを見られるようになっていく。

僕は、こういったことを体験談としてお話ししています。そういう過程をへて、今の、おもしろい状態になっている。

リアルだっていうことですね。

僕がこういう立体を作っていなかったら、こういうお話もできなかったと思うし、みなさんもここに座っていないと思います。

でも、結果として、綿棒を曲げて組んでいっているだけで、みなさんが目の前にいるわけで。お話を聞いてくれているわけで。立体を作っていった先の答えを、実践で見てもらっているわけです。

## 意味のあるアート・本当のアート、日本の伝統工芸

**トッチ**　この立体も、方法も、お話も、もっとおもしろいかたちで、みなさんに使ってもらえたらと思いますけど。

要は、立体を味方にしてみたらどうですか？　という話なんですね。

こういった立体の仕組みが、魂の仕組みだったとしたら。味方にした方がいいじゃないですか。

意味のあるアートというかね。

そういうものが、本当のアートなのかもしれないですよね。

そう考えると、日本の伝統工芸というものは、本当にアート、本当に芸術だと思いますね。

以前もお話ししましたが、日本の伝統工芸は、立体世界のヒントになる工程がすべてつまっていて、それが現代まで残っている。

そういうものを全部融合させて、日本の伝統工芸や伝統芸能というものに、どれだけのヒントが隠れていたのか、隠されていたのか、というところに思いいたると、本当にこの国のすごさみたいなものにも入っていけると思いますし。

表層のすごいではなくて、奥行きのすごさというか。

いつの時代もみんなが気づけるように、ここまで用意されていたんだ、というところまで、気づいていってしまうんですよ。

着物の生地の織り方とか、柄とかも、全部、立体世界にまつわる情報だった、というね。

そういうことがわかったとき、僕は笑いながらも結構ショックで。前歯でも削るかなって思って、今にいたるんですけどね（笑）。

それくらい、日本のうまくできた仕掛けというか、本当にすごいですよ。わかってくると。言葉にならない。

# 自分の世界で笑っていれば、一番幸せ

**トッチ**　僕たち、お金とか、時間とか、数字を追ってしまいがちですけど。実際には、その数値に含まれている形……というのかな、形そのものがエネルギーをつくりだす構造だったんだ、っていう理解ができてくるとですね。僕たち一人ひとりも、渦《うず》をつくるために存在しているというか、渦をつくれる構造だということもわかってくるんですね。

本当に、人もこの立体構造、フラワーオブライフなわけですし。

そのへんがわかってくると、悩んだり、ツライなと思ってしまう自分を、そういう立体の構造、エネルギーに入れこんでいるのだとしたら、なんともったいないことをしてしまっているんだ、ということに気づく。

自分が、悩みとかツライという思いを増幅させているようなものじゃないか、っていうことなんですよね。

トーラスの仕組みだから、やったことが、本当に戻ってきちゃう。大きくなって増幅して戻ってくるから、そもそも悪いことには使えないようになっていると。そういう仕組みを知れば知るほど、使えない。

悪いことって何かというと、言葉にするのが難しいんですけど、一つ言えるのは、エゴで使わない方がいいということですね。

純粋に立体世界に入っていった方が、本当に味方になってくれるというか。僕ですら、商売商売としてやっていないわけですよ。いかに働かないか、ってやっているくらいだから（笑）。


まったくもって、商売とか利益とか気にしないで生きてるんですよね。

立体世界……数字にまつわるようなことをやっているんだけど。

数字というのは、商売や利益っていうような数字じゃないんだ、ということに気づいてしまったというか。

どうおもしろく生きるかなんだ、ということにたどりついたときに、誰かとくらべてる場合じゃない、ということになってくるわけです。

だって、自分の世界で笑っていれば、一番幸せなわけだし。

それは人に迷惑をかけないどころでなく、むしろ人も幸せにしていくわけだし。

渋谷のスクランブル交差点で、自分だけハッピーで、ほかのみんなが下向いて歩いているのを見たら、イヤだな〜って思うと思いますよ。みんながニコニコして歩いている方が、いいんじゃないの？　って。

それを表現しているのが、こういう立体、フラワーオブライフで。そういうのが文章になっているのが日月神示かもしれないし。世界中のいろんなことを記した本なのかもしれないし。ここにある、ヒカルランドさんの本の中にも、たくさんのヒントが隠れていて。

みなさんが、今すぐにでも腑に落とせることが揃っているんだ、ということに気づいてもらえればね。

## あとからでは、笑う方法を知ることができなくなる

**トッチ**　今すぐにでも、別の形に変容できるということなんですよ。そうすると、即座にエネルギーが変わるんです。

でも、そこで躊《ちゅう》躇《ちょ》していたりとか、迷いがあったりすると、それは新しい方と古い方が混在するということになって。新しい方と古い方の場所の取りあいみたいなことになるんですよ。だから、どっちかを消そうとしちゃうというか。

一人ひとりがそれぞれ楽しくできるような仕組みや状態に、国が整っていれば、いい国だなあとみんな思えると思うし。

そういう価値観であれば、人と争うことに重きを置けないというか。ジャッジメントしなくなるんですよね。

５００万円稼いでいようが、１億円稼いでいようが、どっちでもよくて。どっちが笑えるか、という方がいいですよ。

だって、毎月１億円もらって笑えないのと、毎月５千円もらって笑えるのと、どっちがいいですか？

僕は５千円の方を取りますね（笑）。

みなさんは、どうします？

そこでみんなは、違う方に行っちゃうわけです。現段階では。

ほとんどの人が行っちゃうかもしれない。毎月１億円で、笑えない方に。

それくらい僕たちは誤解をして、ものや人を選んだり生活をしてしまったりしていて。

これだけ、地球が、社会が、動いてしまってるじゃないですか。何もない、ではなく、これだけいろいろ起こってしまっていて。しかも、地球上でいくつもいくつも、何カ所も。

いい加減もう、違った価値観を選んでいかないと。

後からでは、笑う方法を知ることができなくなってるかもしれませんよ。

もし、何かがあったとしても、今お話ししたようなことを理解していれば、多分、勝手に内側が発動してくれますよ。

## 立体を作ることで、構造や仕組みやエネルギーをスキャンする

**トッチ**　この構造は、中から、中心からしか作れない（130ページ参照）。それは、外側に作っているようで、内側にこの構造を入れているということになるんです。

外に作ってください、じゃなくて。中に入れるために、作ってください、なんですよ。

それができてくると、作っているうちに、立体がデータとして身体の中に入って

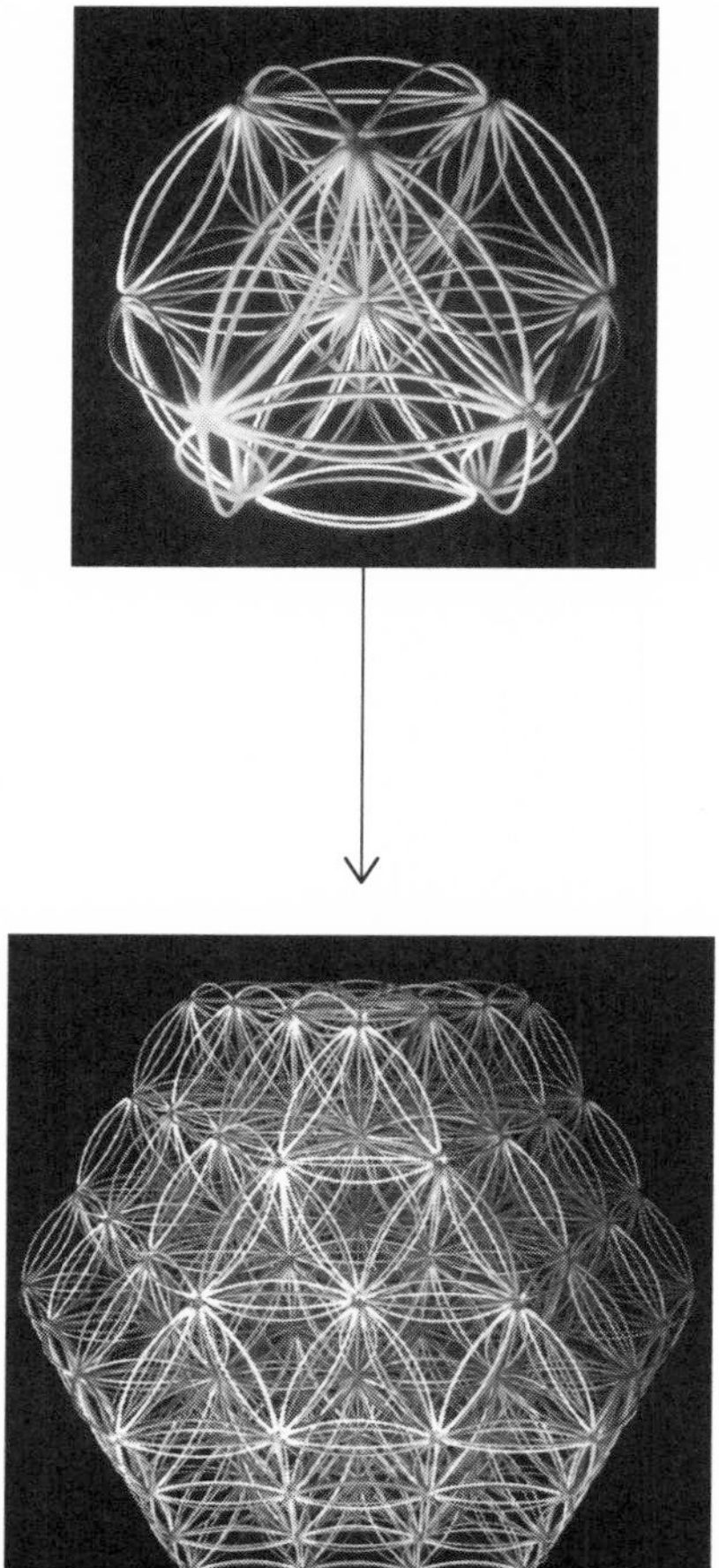

中心のベクトル平衡体から
拡大していく
中からしか作れない

くるんです。

要は、立体を作ることが構造や仕組みやエネルギーをスキャンすることになる、ということ。

できあがったものを外から見ているだけではなくて、作っていく過程の感覚なんかで、スキャンしていく。

この立体的な構造が、トーラスを生みだす構造だとしたら、そのデータが身体の中にスキャンされるわけでしょ？　そりゃあ、おもしろくなるんじゃないですか？　っていうこと。

そこに笑いをのせることができれば――おもしろいことをのせればのせるほど、エネルギーなんかがよく回ってくれるとしたら、どうですか？

でもそこに、あんちくしょう、とか、あのヤロー、みたいなものをのっけちゃうと、即座に自分に返ってくるから、大変な目にあうわけです。

だから本当は、こういう立体も見ちゃダメなんですけどね（笑）。

でも、人はダメと言われると試したくなっちゃうからね。

まあ、本当にあんまり見ない方がいいと思いますけど（笑）。

前にも言いましたけど、もし、今までの価値観のままの自分でいたいのであれば、立体の世界は知らない方がいいと思います。

これは、本当に。

僕も、いろいろ試してみたんですよ。まず、自分が。

立体をあつかうときに、どういう想念だったら、どういうふうになるだろう？って。

立体をあつかっていると、いろんなことの速度が増すので。

自分がうれしいなあという方は、よりライトになってくるというか。より、薄くなってくるんですね。

それが重なって、光りだす。そう考えてもらえれば、わかりやすいかもしれないです。

いくつも重なって、光りだす。

いくつか重なって、はじめてわかるから。それまでは、下手したら「何にもなってない」と思っちゃう。錯覚してしまうかもしれないですね。

ずっとそうなんですけど、こうしてお話ししているのは、どちらかといったら、みなさん自身に、というより、無意識の方にお伝えしているようなもので。聞いたから、聞いてやったからって、立体の世界は即座にあつかえるようなものではないのでね。

## 神聖幾何学は、数字が揃っているからこそ回転が起きる

**トッチ**　立体を作ったときに、ゆがんでしまったものは、壊して、新しく作りなおしてほしいとお伝えしてるんですけど。

それは、ゆがんだ状態のままだと、ゆがんだものがインプットされてしまうから。曲がってインプットされちゃうから。

僕のために、人のためにキレイに作ってください、ではなくて。作る人自身にとって、大切なことだから。

こういった立体は、神聖幾何学だから、ゆがんでしまうと数字が変わってしまうんですよね。

神聖幾何学は、数字がきちんと揃っているからこそ、回転が起きるわけで。そこが揃っていかないと、意味がなくなってくるので、そこは気をつけてもらいたいというか。

自分の「中」をより整えたいと思うのだったら、外にあらわす「中」を整えていった方がいいですよね。

外にあらわす「中」というのは、実際には「中」のみなさんが作ると思うんです。だから、そこは気をつけていってもらえると、より精度が高まって、より自分と、自分の「中」とつながっていけると思います。

作る立体の精度が高くなればなるほど、つながっていけるけど、ゆがんだ状態で大きくしていったときには、本当につながらない、拡大していけない。

限界になってしまうから、その時点で無限から有限になってしまう。

僕たちは、無限の中にいたのにもかかわらず、有限になったのかもしれないですね。そして、ここからまた、無限の世界に戻っていくのかもしれない。


こういったことが、リアルなのか、はたまたマンガなのか、映画なのか、と考えたときに。もしこれがリアルだとしたら、本当にこの世界は、そういったものを超えてませんか？　っていうね。

今日、みなさん、これが夢だ、って認識してますか？（笑）

# 第3章
# 善では立ちて行かん、悪でも行かん

## 立体意識へと私たちを誘う神なる学問、神聖幾何学

**礒**　これから世の中の変化がますます加速していくと、みなさんそれぞれが、自分自身の意識のあり方や行動を変えていく必要に迫られてくると思います。

旧来の社会システムや経済の崩壊、想定を上回る気候変動や自然災害が発生しても平気でいられる立体的な意識と、それにもとづいて行動を起こし、対処することのできる自分づくりが急務であることに気づき、生き方そのものを変えていくステージの到来ですね。

人は、自《みずか》らのキャパシティを超える変化を目《ま》の当たりにすると、精神崩壊してしまったり、身体や感情が固まって動けなくなってしまったりします。

すでにはじまっている大変容の行く先は、今の私たちのような二元性の意識のままでは到底あつかうことのできない領域であることを意識した上で、ここからの生

き方を選択し、行動に移していくことが求められていると感じています。

中途半端でない大変容の時代がやってきたからこそ、真理の形霊《かただま》が目の前にあらわれたことを腑に落として、神聖幾何学の求道に入っていくことが大切です。

この神なる学問は、立体意識へと私たちを誘《いざな》う羅針盤《らしんばん》であり、私たちが向かう真の精神性を形で示した神聖な世界であることをきちんと理解したうえで、祀《まつ》ろうことを忘れてはならないと痛感しています。

外に無二《むに》の法則性を形出《かただ》ししながら、内に立体意識、法則性を生きるにふさわしい自らの意識をつくりあげていくことこそが本筋《ほんすじ》です。

私自身、形霊作りを通じて法則性を学び、生きざまに反映させていくことのすばらしさや、新たな時代に向けた可能性を、何よりも学びを通じて自分自身の変容について実感できるようになり、そのような体験を、この方なら！　と直感した何人かの友人にトッチさんを紹介して、ともに求道したいと考えるようになりました。

ところが、学びの道はそんなに甘いものではありませんでした。形霊作りを通じて、その人のありよう、二元性の裏側にある部分までが照らされてしまうのです。

その人が形霊作りに興味を示されている理由の本質は何なのか？　その本気度合いや純粋さの度合いは？　そこに内在しているエゴまで透《す》けて見えてしまうのですね。真理を前に二元性を隠すことができずにあらわれてしまうというか、洗われてしまいます。

## 自分の解釈をもって語ることができない世界

**礒**　ある日、在日宇宙人の集いというイベントを通じて知りあった「不食の弁護士」の肩書きで活動されている友人と、トッチさんをお引きあわせしたときのお話です。

トッチさんのご厚意で、数時間のお話をいただき、実際にご本人に綿棒を使って基本的な形霊《かただま》を作ってもらいました。ご本人は形霊作りに興味を示され、その後、自習や私とのＳＮＳでのやり取りを通じて、いくつかの形霊を自己流で作られました。

形霊作成にあたっての心得《こころえ》など、誤解なきよう丁寧にご説明したいことは、ほんの一部しかお伝えできていなかったので、この先より深く学ばれたいのであれば、合宿またはセミナーにお越しいただき、「真の神聖幾何学に祀《まつ》ろっていくにあたっての本質的なお話や、この形霊を組みあげていく本来の目的」、「神聖幾何学と幾何学、綿棒工作の違い」について、十分に理解いただくことの必要性についてお話ししたのですが、その友人のご事情で、大切なことを個別にお伝えする合宿、セミナーには参加いただけないままでいました。

ところが、間もなくしてその友人が一切の断りなく「神聖幾何学アーティスト」を名乗り、綿棒による形霊作りを「神聖幾何学」という名を冠して教えはじめたばかりでなく、「ヨガビューティクリエイター」を肩書きとして活動されている知りあいの女性と共に、「日本神聖幾何学協会」なる団体を立ちあげてしまったのです。

トッチさんがこのような団体を一切組織してこられなかったことには、これから訪れるであろう大きな変容の時代に向けた深い意図、理由があってのことです。

この方々が神聖幾何学の本質に関し、理解していると言うにはほど遠いことは明白で、整っていない形（エネルギーを生みださない形）、誤った説明を交えて真理について語りはじめてしまったことは、少なからぬ方々に大いなる誤解を招き、混乱が生じることになりました。

真の（立体）神聖幾何学の世界では、法則にのっとってすべての答えが決まっているため、見えない世界を、ある意味自分の解釈をもって語ることのできる世界とは明らかに異なっています。

誤りは誤りとして、間違いは間違いとして、神聖幾何学を真摯《しんし》に学び、祀ろっている同志のみなさんからすれば一目瞭然、そのような状態で神聖幾何学を語り、ましてや人に伝えようとする行為自体に、大きな問題があります。

それ以前に、一部分とはいえ厚意、無償で叡智《えいち》をお分けした、本来なら恩師と仰ぐべきトッチさんに、何の断りもないままそのような行為におよんだ人間性に、疑問を持たざるをえませんでした。トッチさんがどれほどのご苦労を乗りこえて、この形霊に祀ろい、世に出し、みなさんにお配りくださっているのか？　ということを感じるほどに、とても悲しく残念な気持ちになりました。

## 人に投影されたあらわれを、自身の内に引きもどし受けいれるプロセス

**礒**　それでもトッチさんは、「ご本人が気づかれてみなさんの誤解をとく形で『ごめんなさい』と真摯《しんし》に謝った上で、謙虚に学びなおすという姿勢を示すことが、みなさんの大きな勇気になるし、何よりもご本人の精神性の成長につながるから」と寛大におっしゃるので、どうにか行動にてお示しいただきたいと、何度かご本人にご説明に上がりました。

ご本人からも「神聖幾何学協会は、現在、実際には活動しておらず、会員もいません」「私自身も反省しております」とのお言葉はいただきましたが、トッチさん、みなさんに向けた謝罪の公表はなく、みなさんに広がった誤解と疑問はとけな

いままです。

さらに、いまだに神聖幾何学ワークショップを開催し、教える立場を続けていることから、言行《げんこう》不一致な二元性が見てとれます。

この友人に投影されたあらわれを、私自身の内に引きもどして受けいれていくプロセスは大変つらいものでした。私の中にも神聖幾何学を自《みずか》らの利益のために使っている自分が存在していること。知らないことを知ったように語ることで、人々からエネルギーを集めようとする自分が確かに存在することをきちんと認めたうえで、神聖幾何学に祀《まつ》ろうにふさわしい自分自身、そして自らの意識を創造していこうと改めて誓いなおしました。

すでに目の前にやってきている新たな時代に対応すべく、意識を立体化させていくための羅針盤として、神聖幾何学は、私たちにとってなくてはならない「ありてあるもの」であることに、私たちは日に日に深く気づいていくことになると感じています。

時代の変化は、加速・加圧していく。

そんな中で日本の古神道《こしんとう》が、悠久の時の流れにおいてひとときも途切らせることなく、見せながら隠してきた真の叡智《えいち》を必要とするときが、今、やって来た。

だからこそ勘違いのないようにこの真理と真摯に向きあい、謙虚に学んでいくことが深く求められると思うのです。

友人が勇気をもって心の眼を開き、自らの意志をもって真の学びへと戻ってくることを願ってやみません。

在日宇宙人、在地球宇宙人が、立体意識の復活に向けて、みんなでイチからやり直せば、まだ間にあう！　と信じています。

## 今までが通用しないからおもしろい、新しい次元

**トッチ**　宇宙人。みなさんも、宇宙人。僕も、宇宙人。みんな宇宙人。というところで、落ちつけたらと思うんですけど。

これは、本当に言葉にするのが難しいというか。体感してみてくださいよ、というのが一番はやいですよね。

立体の神聖幾何学にはいろんな形が入っているから（34・35、84・85ページ参照）、これが多次元なんです、っていうのは、一目瞭然でわかるじゃないですか。

でも、構造自体はまったく同じものでできていて。自分が見るところによって、形が違って見えているだけで。例えば、この形も、全部同じ構造がくっついているだけなの（111・147ページ参照）。

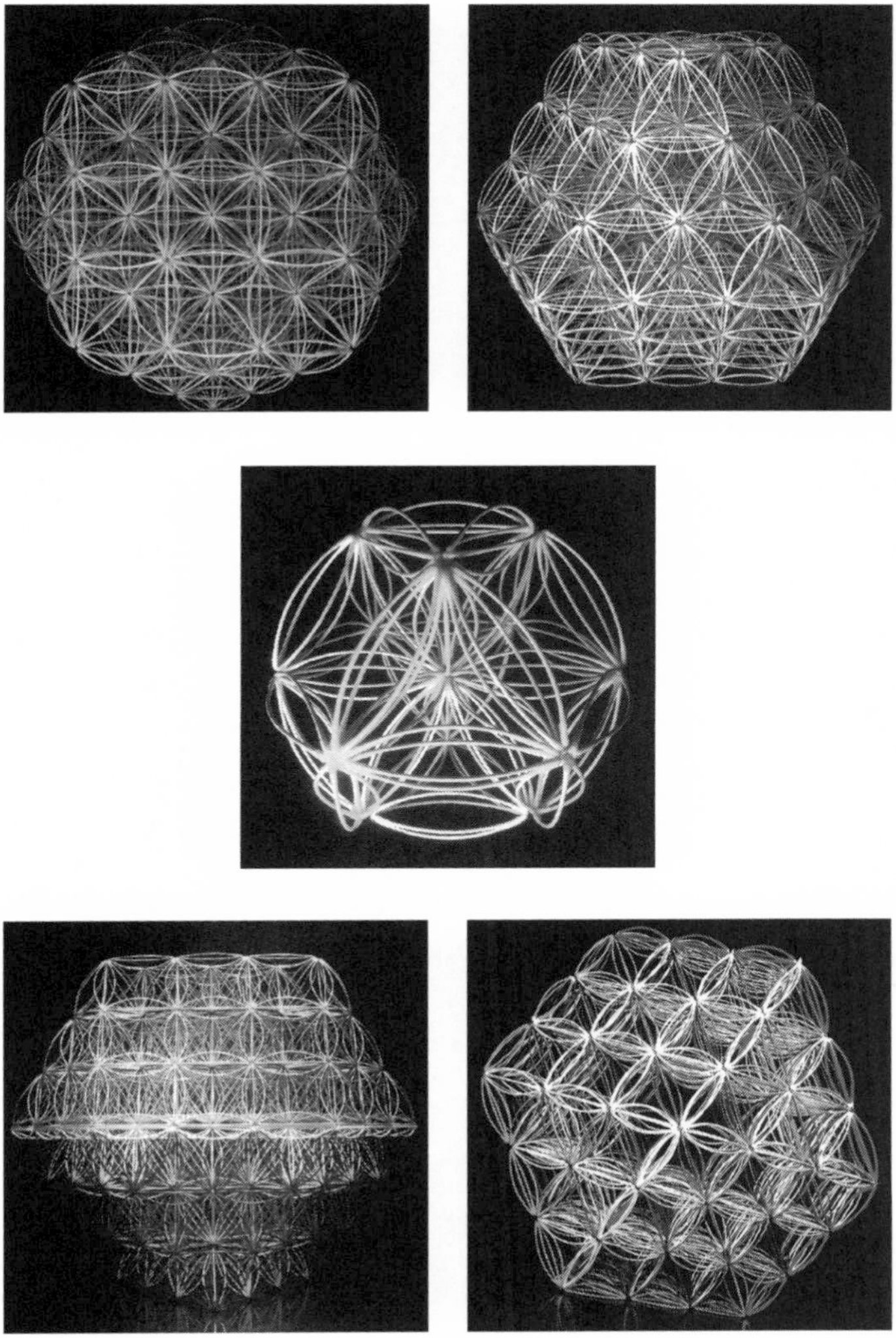

すべて同じ構造からなっている

形が違うものが入っているのではないわけ。

色が変わっていて、違う形に見えているだけなんですよ。

だから、みなさんだって、色が変わっているだけなの。一人ひとりっていう色に。十人十色っていうかたちで変わっているだけで。

この立体構造と一緒なわけ。まったく一緒なの。

これも、どこを塗っているか、何色で塗っているか、っていうだけで。

同じ話であって。

似ているけど、違うけど、同じものなの。

なんだそりゃ、っていうね。


その、なんだそりゃ、が、新しい次元なんですよ。

そこは、今までが通用しないから、おもしろいんですよ。

今までを通用させようとしたら、おもしろくもなんともなくて。

それは、次元上昇でもアセンションでもないわけ。

次元上昇、アセンションは、今までよりおもしろくなる。おもしろくなるから、みんな上がろうとするわけで。

でも、そのおもしろさというものを、そもそも履きちがえていた、っていうところだと思うんですけどね。

## 根本的な部分が、そもそも違っていた

**トッチ**　うまいこと、数字を入れかえられているんです。

立体を作っていると、気づいてくることがたくさんあって。

例えば、火のエレメントを真ん中に置いておいたとして、風と土のエレメントに出てくる数字というのは、6・8・12なんですよ（150ページ参照）。

風と土は、6と8が入れかわっているだけで、形が違っているんですよ。

頂点をどっちの数字に使うか、面をどっちの数字に使うか、というだけで。

火のエレメント
正四面体

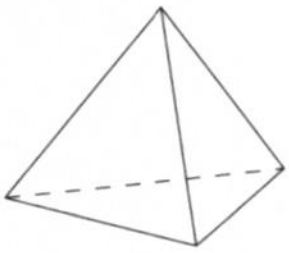

4　　4　　6

---

点の数　　面の数　　辺の数

風のエレメント
正八面体

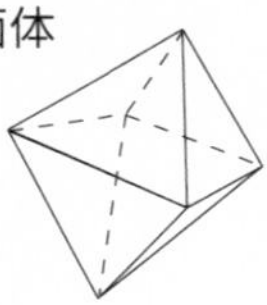

6　　8　　12

土のエレメント
正六面体

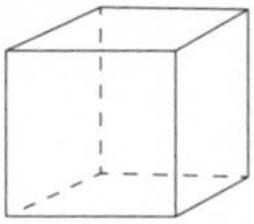

8　　6　　12

風と土のエレメントにあらわれる数字は
入れかわっているだけで、形が変わる
頂点をどちらの数字に使うか？
面をどちらの数字に使うか？ の違い

つまり、そういうことを知っている人がいるとしたら、その真逆を伝えることで、簡単に操作できるというのは当然の話。


誤解をしてきてしまったことの方が、圧倒的に多いわけです。

みんな、誤解をしてきたことがたくさんあるはずだから。

これは、どんなにいい人であってもある。いい人ほど、誤解して生きてきてしまった。ある意味。

もちろん、悪い人もですけどね。

わたしは特に何もしてきてないから大丈夫とか、大丈夫じゃないとか、そういう問題じゃなくて。

根本的な部分が、そもそも違っていたわけ。

本当に知らなくちゃいけない数字を知らないで、真逆の数字というものを知らされてしまってきたというか。

本当に僕たちは惜しいことをしてきてしまったと（笑）。

そう思うんですよ。

前にもお話ししたと思うんですけど、日月神示にも、こんなことが出てくるんですよね。

「善では立ちて行かん、悪でも行かん、善悪でも行かん、悪善でも行かん。岩戸と申しても天の岩戸もあるぞ、今までは平面の土俵の上での出来事であったが、今度は立体土俵の上ぢゃ、心をさっぱり洗濯して改心致せと申してあろう、悪い人のみ改心するのでない、善い人も改心せねば立体には入れん、此度《こたび》の岩戸は立体に入る門ぞ」

（五十黙示録《いせもくじろく》　第七巻　五葉之巻《ごようのまき》　第十一帖）

もう、まんまじゃないですか？

逆に、そのまんますぎて、「何かあるはずだ」と思って、みんないろいろ考えをめぐらせたかもしれないですけど、まんまじゃないですか、っていうね（笑）。

「悪を食うて暮らさなならん時近づいたぞ、悪に食われんように、悪を噛んで、よく消化し、浄化して下されよ」

要は、悪の中は、浄化できるものなわけだよね。

ということは、

「悪は善の仮面を被《かぶ》っていること多いぞ、だが悪も大神の中に生まれたものであることを知らねばならん。騙したいものにはひとまず騙されてやれよ、騙されまいとするから騙されるのであるぞ。生命の樹の実は美しくおいしいぞ、食べてはならんが食べねばならんぞ、肉体欲が先に出るから生命を失う、心でとりて実を喜ばせて

食べるとよいのであるぞ、食べないで食べる秘密

（五十黙示録　第七巻　五葉之巻　第十三帖）

「食べないで食べる秘密」っていう曲でCDデビューしようかな。演歌。

ぜひぜひ、期待しないで待っていていただけたらと思いますが（笑）。

本日は、ここまでにしたいと思います。

ありがとうございました。

# 参考・引用文献

『［完訳］　日月神示』〈上巻・下巻〉岡本天明書／中矢伸一校訂（ヒカルランド）

神聖幾何学って　自分自身のリセットボタンですよ。

トッチ　とっち
神聖幾何学アーティスト
幼少期よりフラワーオブライフや麻の葉模様、カゴメ模様に惹かれて育つ。
15年ほど前、ふと訪れた神社で、狛犬が踏んでいる手毬の模様がフラワーオブライフと同じであることに気づき、電気が流れたような衝撃が走り、以来不思議なビジョンを見るように。
東日本大震災を経て、さらに神秘体験を重ねるようになり、生きること・世界・宇宙の本当の意味を探す決意をする。
導かれるように日本各地を旅する中で『完訳 日月神示』に出合い、神聖幾何学の秘密、日月神示の意味について確信する。
www.tflow-aa.com

礒 正仁　いそ まさひと
古神道探究・実践者
物質的な欲望を満たした先に感じた痛烈な虚しさから、魂が真に求める在り方への求道の旅が始まる。
「永続的な悦びとは？」「永遠不変なる真理とは？」「本質的な祈りの力とは？」
あるがままの自分への回帰という魂の想い。見える生命《いのち》見えない生命《いのち》との響き合いの中で本来の自分を活かす悦び。
自身のチャレンジを通じて、それらが生み出す奇跡の波乗りの体験を分かち合っている。

日月神示、マカバ、フラワーオブライフ
宇宙の最終形態「神聖幾何学」のすべて9［九の流れ］

第一刷　2021年4月30日

著者　トッチ
　　　礒　正仁

発行人　石井健資
発行所　株式会社ヒカルランド
〒162-0821　東京都新宿区津久戸町3-11　TH1ビル6F
電話　03-6265-0852　ファックス　03-6265-0853
http://www.hikaruland.co.jp　info@hikaruland.co.jp
振替　00180-8-496587

本文・カバー・製本　中央精版印刷株式会社
DTP　株式会社キャップス
編集担当　遠藤美保


ISBN978-4-86471-947-6

**本といっしょに楽しむ ハピハピ♥ Goods&Life ヒカルランド**

## 神聖幾何学・数字の真理を知るトッチ氏がデザイン
## エネルギーの循環が意図された魔法陣！

ベクトル平衡体とフラワーオブライフ、数字を組み合わせたオリジナルデザインを、しっかりとしたフェルト生地に刺繍し、1枚1枚丁寧に作り上げた魔法陣。人やモノ、場のエネルギーを循環させる意図がこめられています。また、神聖幾何学模様と数字が織りなす美しさは、見ているだけで心が和む一方、意識を覚醒させてくれるような、不思議な力を放っています。
ご自身のインスピレーションに従って、お好きな使い方でエネルギーを受け取ってください。蓄光糸を使用しているため、暗い場所では神聖幾何学模様が光って浮かび上がり、また違った一面を見せてくれます。

**神聖幾何学魔法陣**
**火風水（ひふみ）・グランドクロス**

■ 各15,000円（税込）

●カラー：各ブラック・ホワイト
●サイズ：直径約210㎜
※在庫状況により、お届けまでお時間をいただく場合があります。

火風水《ひふみ》（ブラック）

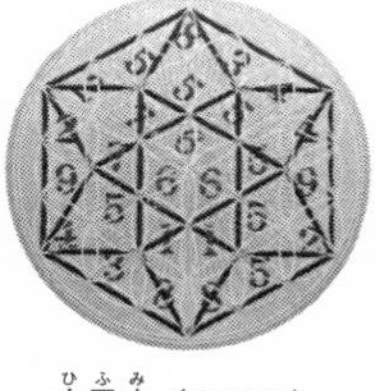

火風水《ひふみ》（ホワイト）

**オススメの使い方**

◉浄化＆エネルギーチャージに
- ●食べ物や飲み物、またパワーストーンや植物を置いて
- ●布団や枕の下に敷いて
- ●お部屋に飾って

◉眺めながら瞑想を

グランドクロス（ブラック）

グランドクロス（ホワイト）

【お問い合わせ先】ヒカルランドパーク

＊ご案内の価格、その他情報は発行日時点のものとなります。

**本といっしょに楽しむ ハピハピ♥ Goods&Life ヒカルランド**

DVD
発売中！

## 日月神示、マカバ、フラワーオブライフ
## 宇宙の最終形態「神聖幾何学」のすべて・全12回連続講座

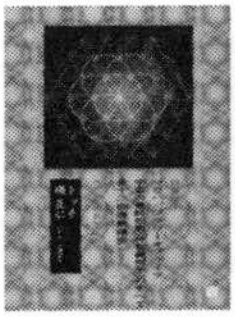

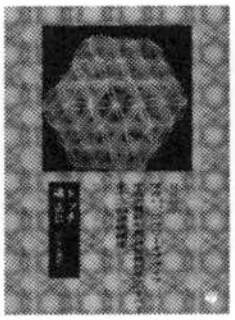

講師：トッチ／ゲスト講師：礒 正仁

**［販売価格］各16,296円（税込）**

《一の流れ》2018年1月23日収録
《二の流れ》2018年2月20日収録
《三の流れ》2018年3月20日収録
《四の流れ》2018年4月17日収録
《五の流れ》2018年5月15日収録
《六の流れ》2018年6月19日収録
《七の流れ》2018年7月17日収録
《八の流れ》2018年8月21日収録
《九の流れ》2018年9月18日収録
《十の流れ》2018年10月16日収録
《十一の流れ》2018年11月20日収録
《十二の流れ》2018年12月18日収録

書籍『宇宙の最終形態「神聖幾何学」のすべて』のベースとなっている、大型連続セミナーがDVDになりました！　ほかではなかなか聞くことのできない、超最先端の情報や知識をはじめ、トッチ氏の神聖幾何学アートとオリジナル音楽で構成された、美しい映像が収められています。DVDでこそ受け取っていただける、会場の空気感、そしてトッチ氏から発せられるエネルギーが、意識の次元開き＝魂の岩戸開きを手助けしてくれることでしょう。お手元に置いて何度も見返していただきたい、永久保存版です！

**【お問い合わせ先】ヒカルランドパーク**

＊ご案内の価格、その他情報は発行日時点のものとなります。

**ヒカルランド　好評既刊!**

地上の星☆ヒカルランド　銀河より届く愛と叡智の宅配便

ガイアの法則
著者：千賀一生
四六ソフト　本体2,000円+税

ガイアの法則Ⅱ
著者：千賀一生
四六ソフト　本体2,000円+税

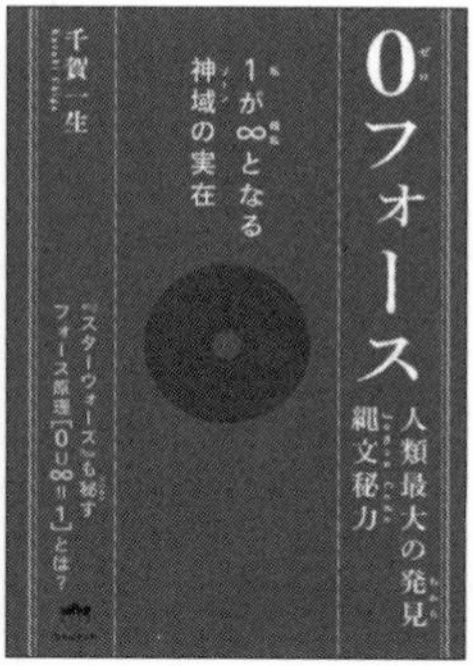


0（ゼロ）フォース
著者：千賀一生
四六ソフト　本体2,000円+税

マトリックスの子供たち［上］
著者：デーヴィッド・アイク
訳者：安永絹江
四六ソフト　本体3,000円+税

マトリックスの子供たち［下］
著者：デーヴィッド・アイク
訳者：安永絹江
四六ソフト　本体3,000円+税

美しき緑の星
著者：コリーヌ・セロー
訳者：広本正都子
推薦・解説：増川いづみ／滝沢泰平
四六ソフト　本体1,815円+税

**ヒカルランド　好評十七刷！**

## 『完訳 日月神示《ひつきしんじ》』ついに刊行なる！　これぞ龍神のメッセージ!!

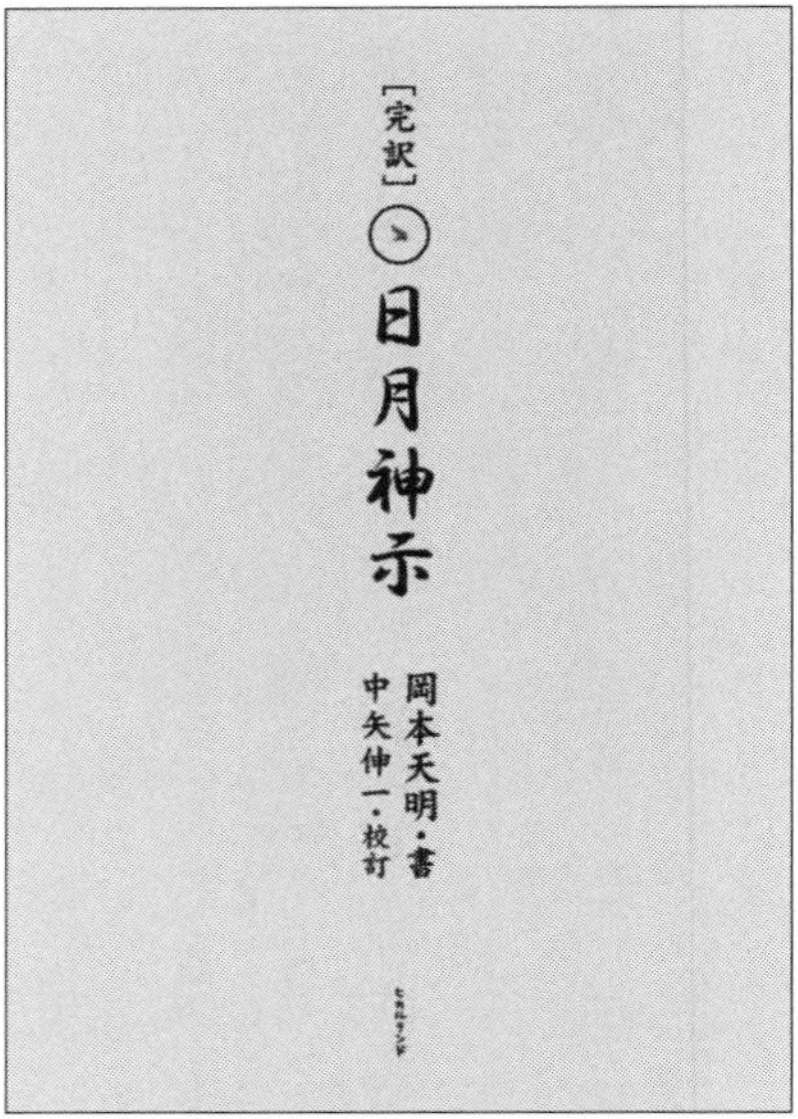


完訳　日月神示
著者：岡本天明
校訂：中矢伸一
本体5,500円＋税（函入り／上下巻セット／分売不可）

中矢伸一氏の日本弥栄の会でしか入手できなかった、『完訳　日月神示』がヒカルランドからも刊行されました。「この世のやり方わからなくなったら、この神示《しるし》を読ましてくれと言うて、この知らせを取り合うから、その時になりて慌てん様にしてくれよ」（上つ巻　第９帖）とあるように、ますます日月神示の必要性が高まってきます。ご希望の方は、お近くの書店までご注文ください。

「日月神示の原文は、一から十、百、千などの数字や仮名、記号などで成り立っております。この神示の訳をまとめたものがいろいろと出回っておりますが、原文と細かく比較対照すると、そこには完全に欠落していたり、誤訳されている部分が何か所も見受けられます。本書は、出回っている日月神示と照らし合わせ、欠落している箇所や、相違している箇所をすべて修正し、旧仮名づかいは現代仮名づかいに直しました。原文にできるだけ忠実な全巻完全バージョンは、他にはありません」（中矢伸一談）